清·梁詩正等撰

錢録

（一）

中國書店

詳校官候補知縣臣楊懋珩

臣紀昀覆勘

錢錄　　譜錄類器物之屬

提要

臣等謹案錢錄十六卷乾隆十五年

詔内廷諸臣編纂越明年告竣卷第一至第十三詳列各代泉布自伏羲氏迄于前明崇禎一用編年之法其第十四卷列外域諸品而以吉語異錢厭勝諸品為第十五十六卷殿焉

體例略仿洪遵泉志然于遵所列正品僞品
不知年代品奇品神品諸名目淆雜不典者
悉革之且按狀成圖因文考事與洪志之間
多臆度者迥别所徵引各書自列朝史志之
外稗乘雜說與志譜録下逮道笈靡不採録
而取其傳信去其傳會非徒以博洽勝也即
前人纂述如顧烜封演姚元澤張台陶岳金
光襲李孝美諸家之説一言可據者必録之

一事可疑者必正之于泉貨興廢因革之故一覽可得實有裨于利用前民之模其于考古訂疑之精析又餘事矣乾隆四十九年十月恭校上

總纂官臣紀昀臣陸錫熊臣孫士毅

總校官臣陸費墀

臣等謹按歷代錢文前世纂述如顧烜封演姚元澤張台陶岳金光襲李孝美諸人所著第散見於載籍久無專書董逌譜則缺而弗全人或疑其贋作今單行於世號為完書者惟南宋洪遵泉志一編而已顧五代十國同一偏安而或列為正品或列為偽品則分類未為悉當其不知年代品與奇品既多混淆而天品神品彌近於誣即其援据紛綸如

虞錢夏錢乃下與春秋六國之齊晉楚諸錢更無分别夫秦之半兩則重如其文漢初之半兩則八銖文帝之半兩則四銖而洪志所載又有吴王濞鄧通之半兩究其形模實無徵信武帝創五銖迄於隋室紛起疊出其有可據者赤仄白錢四出兩柱而外多缺同莫辨而洪志必强為分屬曰某為某鑄遠及於西涼外至於龜茲則亦未敢以為信矣乃至

漢興錢文曰漢興攷晉書載記東晉成帝咸和十三年蜀李壽改國號曰漢改元漢興則當為李壽鑄無疑而洪志頗謂之漢初錢引史記平準書漢興以為秦錢重難用云云則鄰於兒童之見凡此數端率多訛謬臣等奉

勅纂輯錢録一書自維荒陋不足仰繼前人而兢兢乎不敢執一己之見強為附會則亦有可言者外域撒帳異錢厭勝此數種畧仍其舊

各為一門其他則一以編年之法行之要使世次相承瞭如指掌固不必多分品類至於旁稽遠引則上古傳記寥寥不得不采之路史參以諸家若夫周秦而下下逮有明繫年月繫日數千餘歲間班班可攷立制改作有廢有興衰旺相乘因革遞變一展卷而列朝政事之大端畢著於此通典通考參差互見之處亦得以探討其源流而究其詳畧是亦

一考鏡之林也又洪氏所志不必原有是錢
今則
內府之藏周羅几席按狀成圖因文攷事此㝡
實而有徵彼憑虛而猶造相提並論固自不
侔是書也始事於乾隆庚午之冬月凡疑義
斷文臣等遲迴而不能論定者悉仰稟
睿裁重為釐正越辛未夏仲始克告竣為書十六
卷為錢五百六十有七枚輪郭肉好廣狹長

短之制形諸繪畫並如其真篆籀分楷行草
一肖本文摹之付之剞劂用廣流傳後之覽
者無徒恍其古澤等於器玩之末觀則是書
之成固九府之鴻規而利用前民之職志矣
臣梁詩正 臣蔣溥 臣汪由敦 臣嵇璜 臣觀保
臣裘曰修 臣董邦達 臣金德瑛 臣錢維城 臣
于敏中謹序

欽定四庫全書

錢録卷一

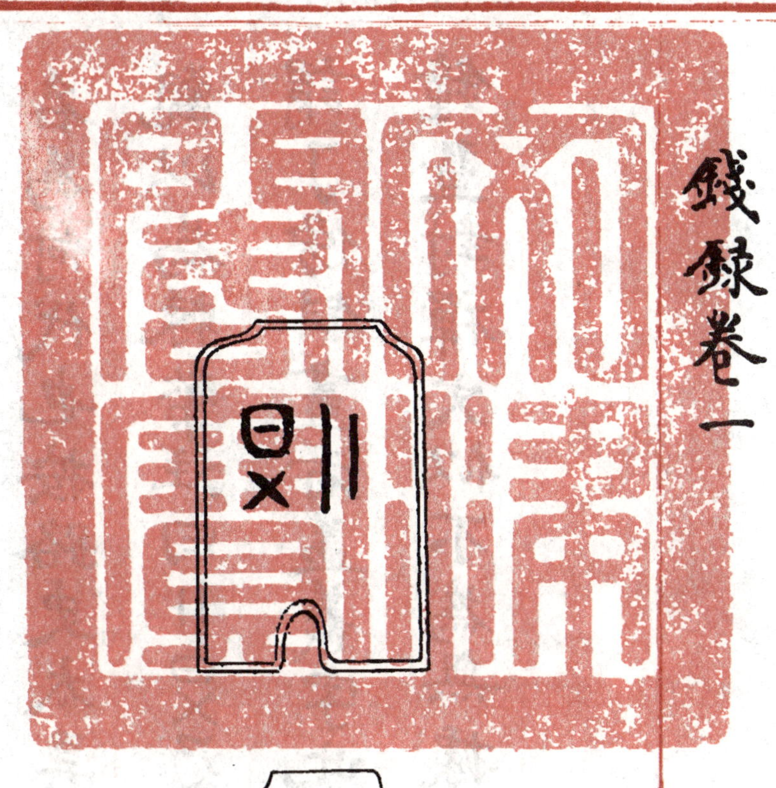

右一品洪遵泉志云張台見於寶鼎尉王鑄處然不能名為何代也按路史太昊伏羲氏聚天下之銅仰視俯觀以為棘幣注曰||[illegible]乃帝昊字幕文作[illegible]李孝美所謂了傍斜畫者蓋羲字此布文適合其||字[illegible]字引盡鐘暨封禪文似不為無據此貨幣之始

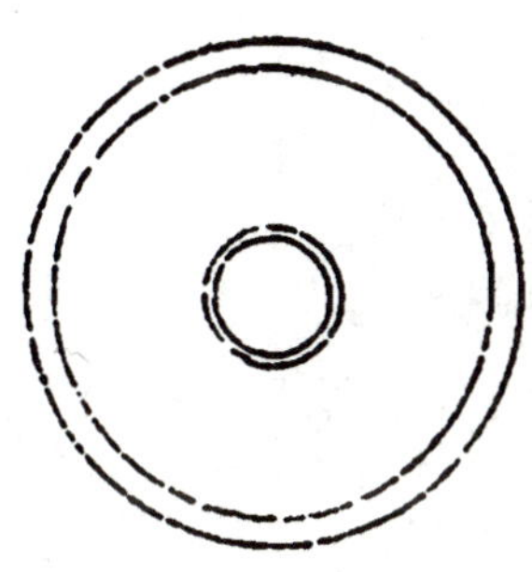

神農氏聚天下之貨交易而退說者謂貨即貨布此品有冊字勾畫甚精路史云是神字神農布也又言其好圓形制亦合

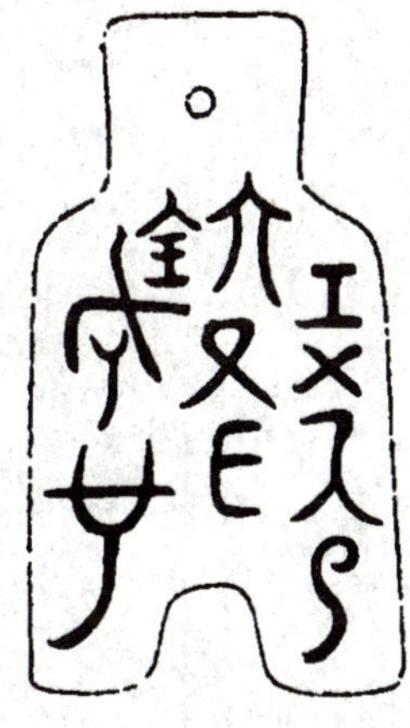

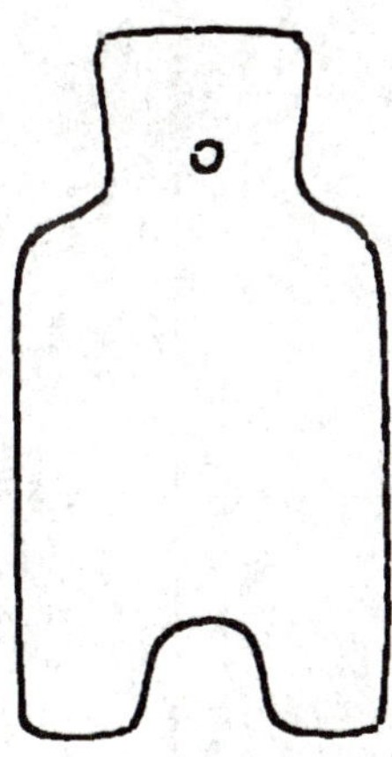

路史又謂神農錢無周郭面七字縱横此品近之而文
不可讀

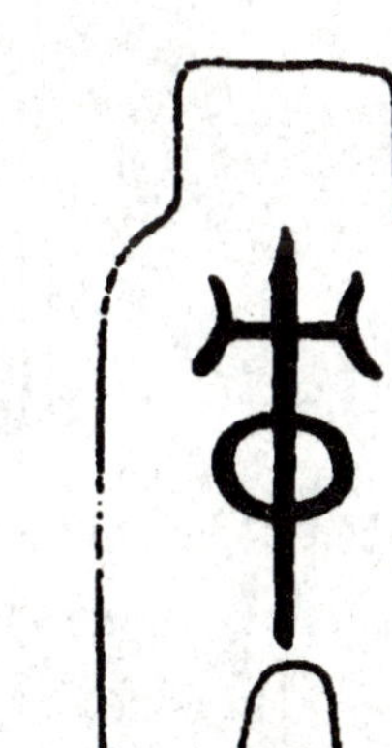

路史黄帝有熊氏作貨幣其文為𠀋𠮛二斤全背文串
據張台云有如二字者金邊安爪者山下安中者兩口
相重者蓋四字也而路史則云五字不可攷背文與面
文第一字同

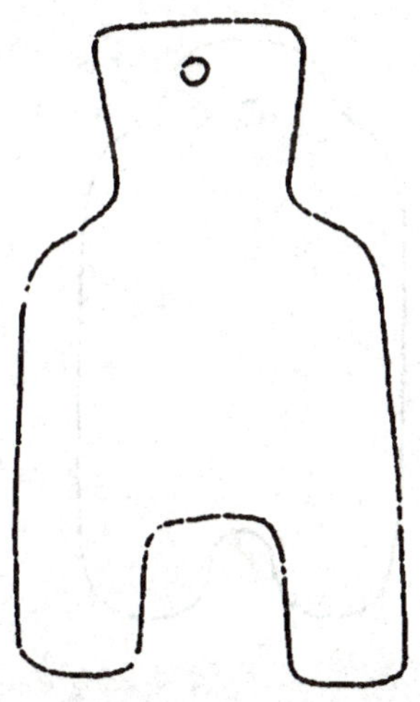

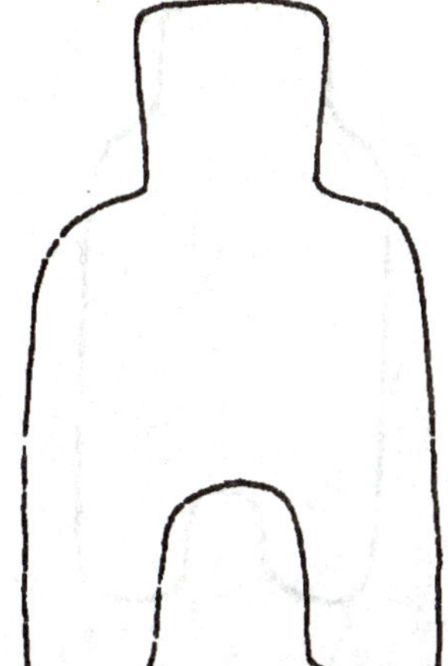

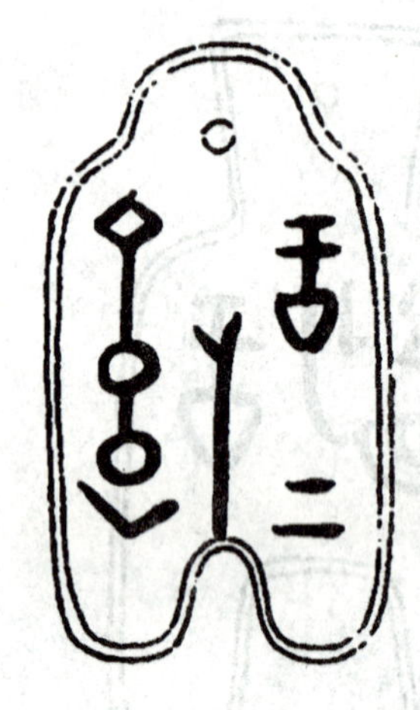

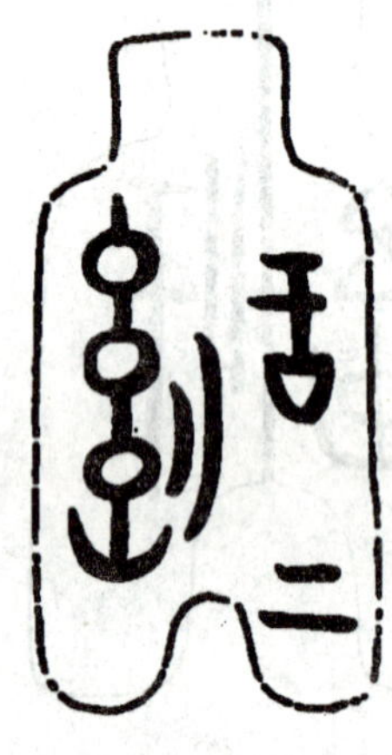

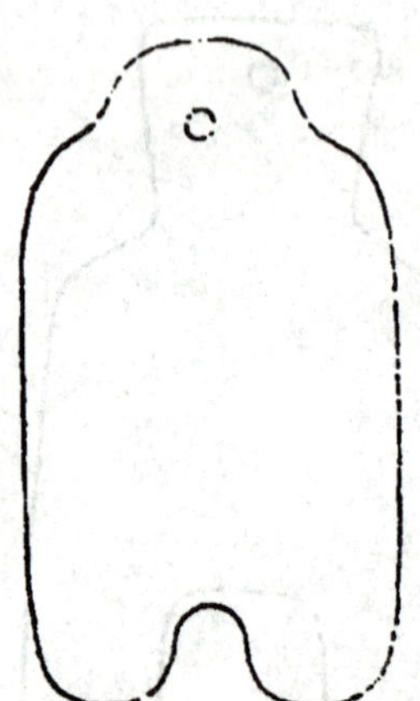

右四品文字同前一品但倒置耳洪志謂是安陽之吉貨五字二品大者一柄中有竪一柄上有穿二品小者一有穿一無穿皆無背文路史亦以為黄帝貨也

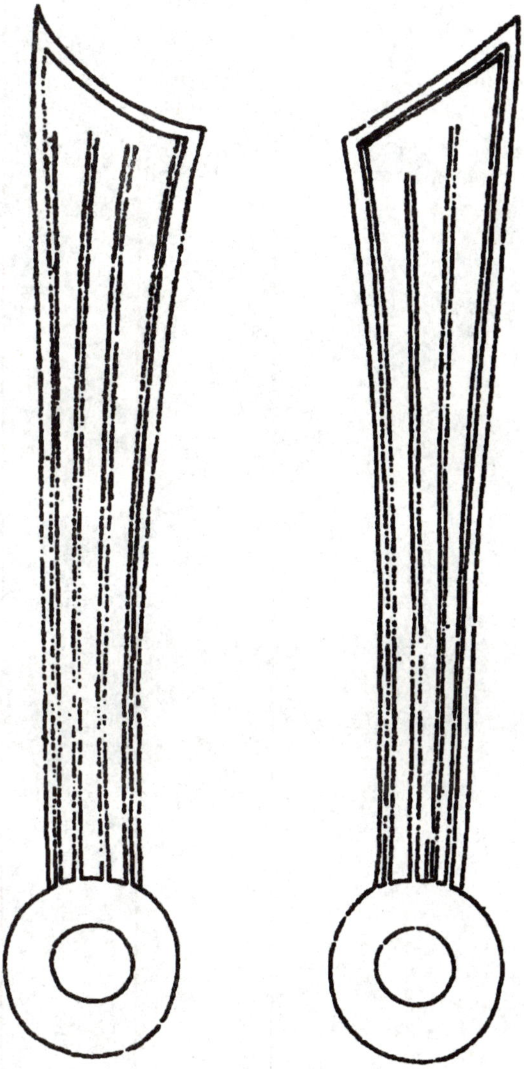

右金刀劉恕外紀謂黄帝範金為貨製金刀洪志載古刀其直文大小俱合

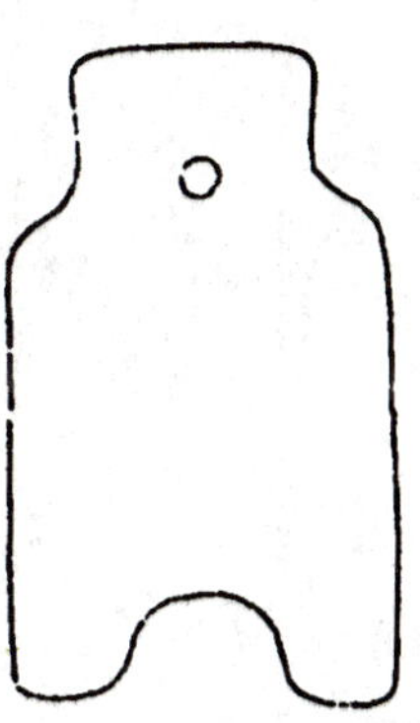

少昊氏作布貨面文有[illegible][illegible][illegible]此品文字合說者謂[illegible]作化字[illegible][illegible]字[illegible]金字亦本路史

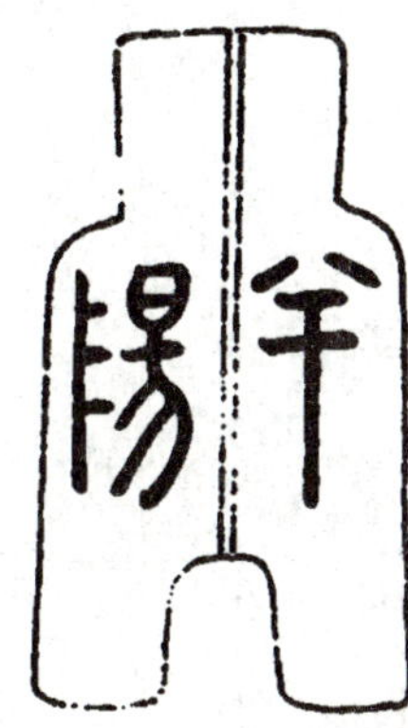
平
陽

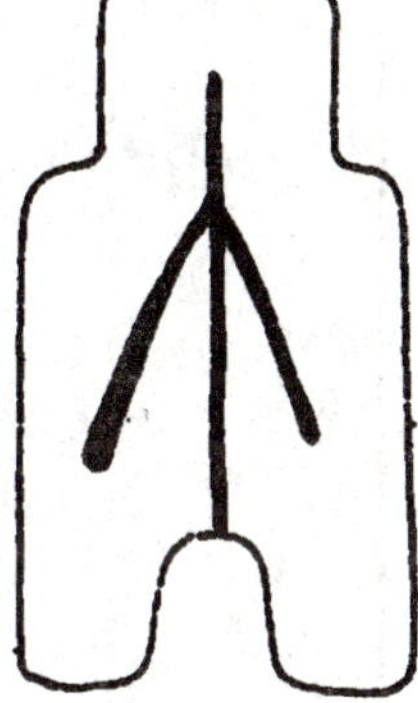

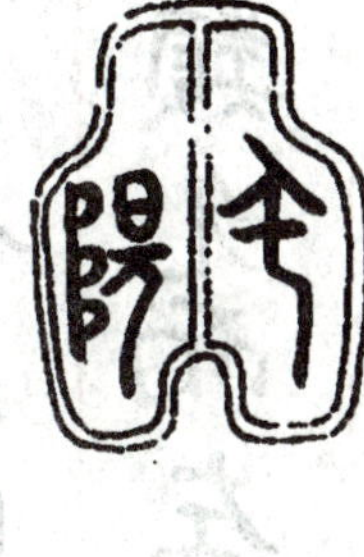
平
陽

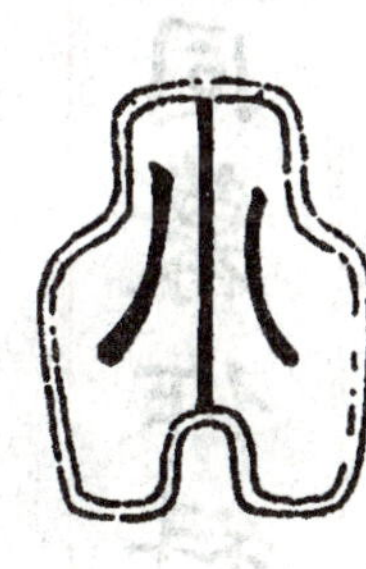

按羅氏論幣所起一篇長平布中有作亂以古一及作

允陽平陭侖陭㑹陒者有肉郭皆高陽金右二品乍字

類平乇類允而左文並同幕作斜直文象水盖泉耳

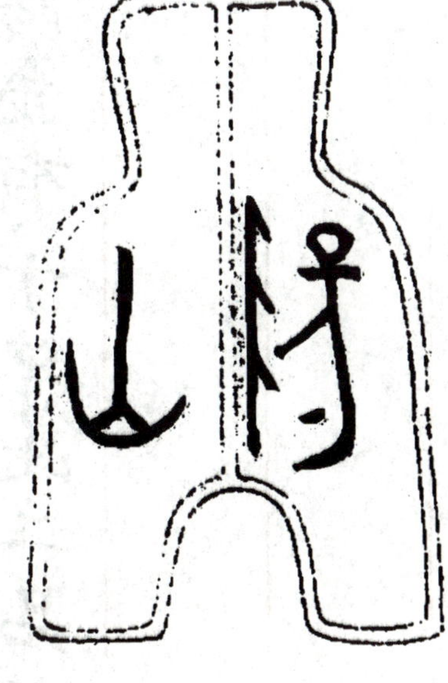

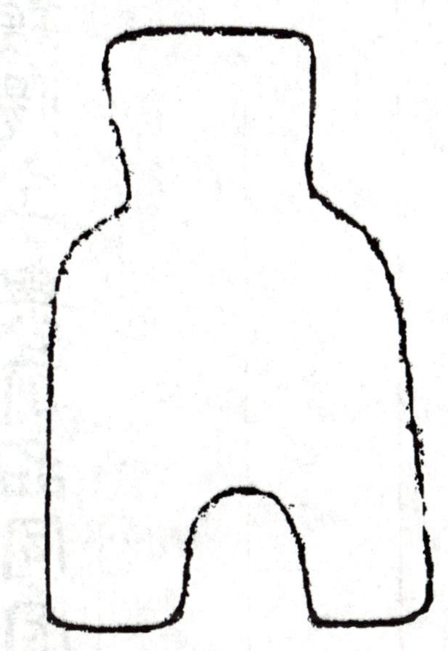

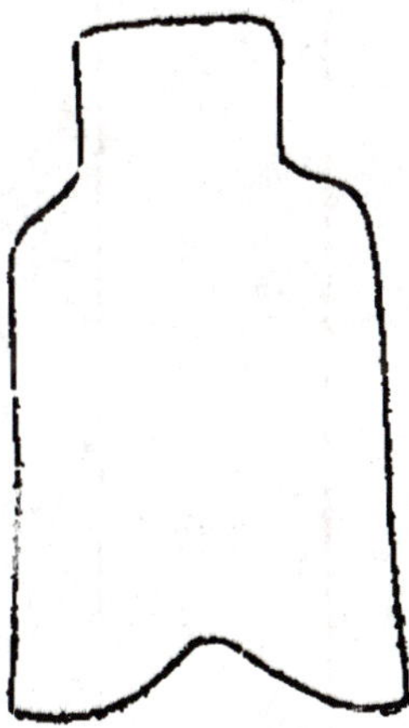

按高陽金有十等此二品有文類陽字與前品同因識於此

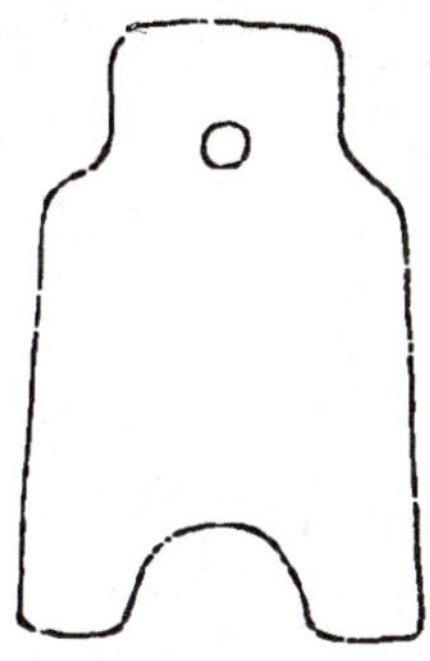

路史又言堯布文作上十全𡖍此文字近之去即𡖍亦倒書也

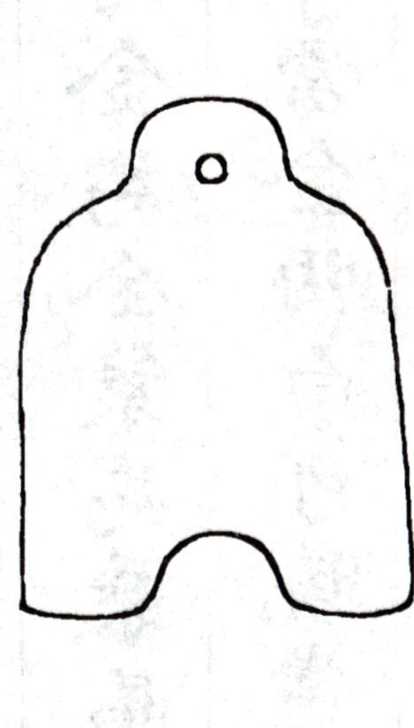

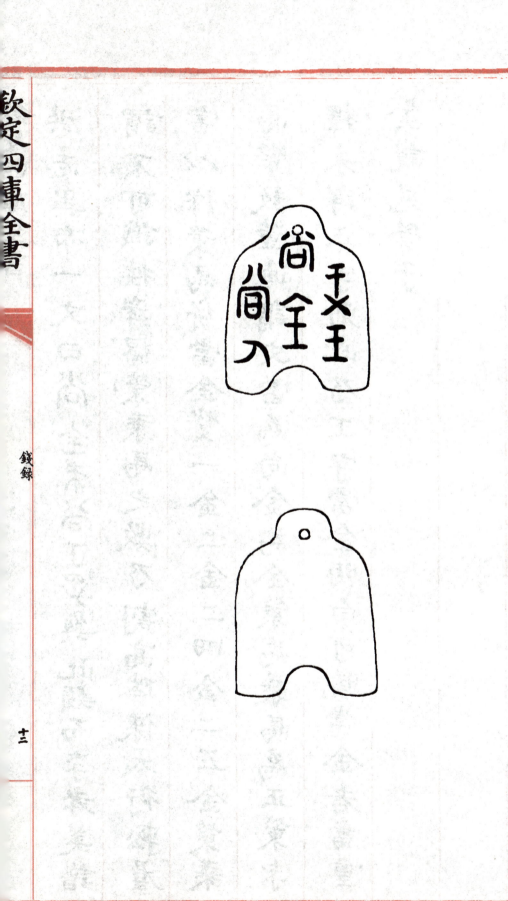

洪志異布一文曰尚全朩尚正乎與此類而李孝美譜謂不可識按舜得策乘馬之數乃割高降保太行軨轝害以作策馬貨當金貨一金二金二四金二五金策乘馬幣故董逌謂文當為尚金為全策為乘馬為正策字釋未詳正字則此乃王字當金明白可曉當金者當重金說見管子

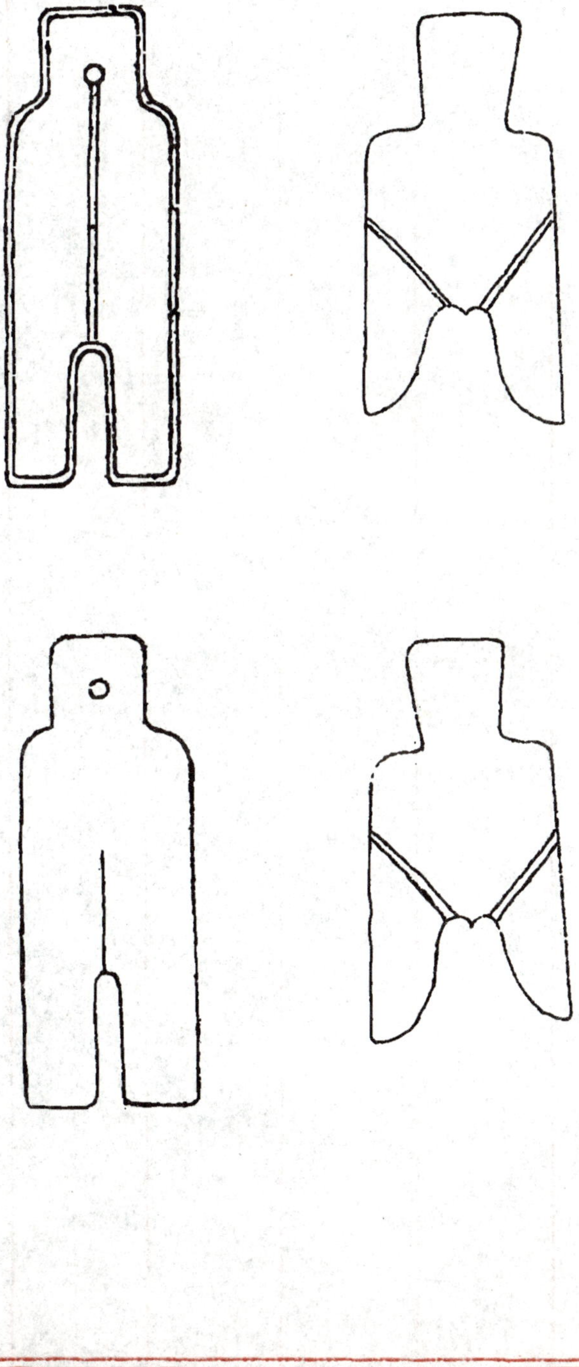

右二品面背無文字姚元澤譜云三代以上布也

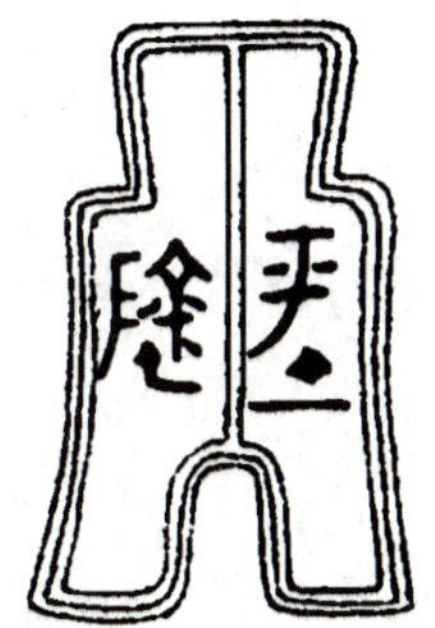

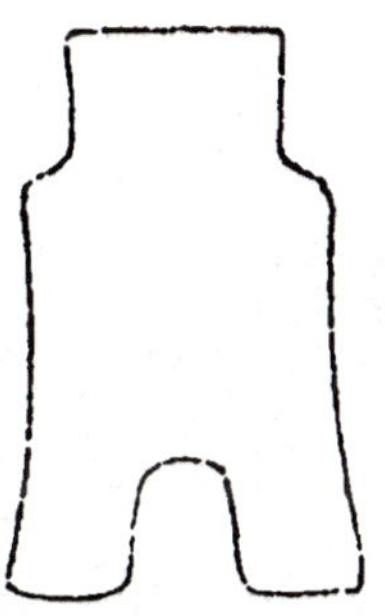

高陽氏金有文作隂陽者此左文稍彷彿而右文不類

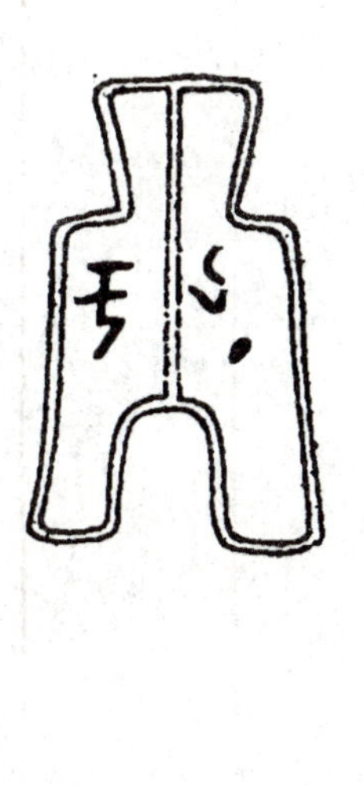
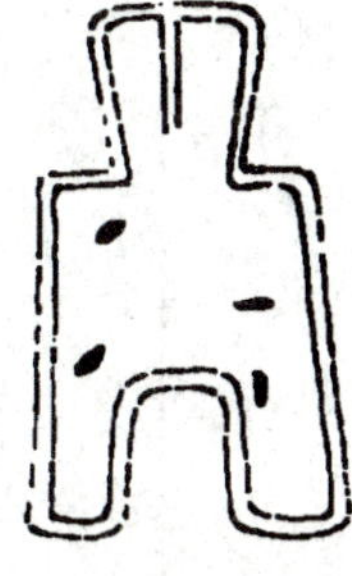
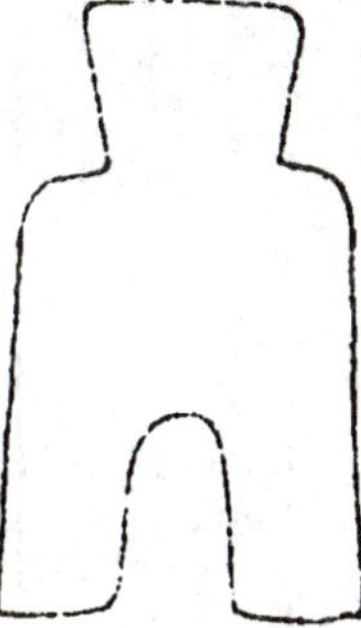
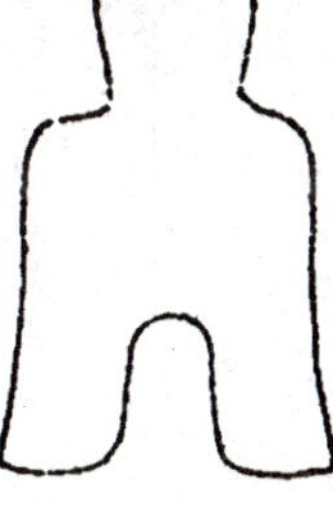

右二品once皆有文字而青緑剥蝕不可摹寫

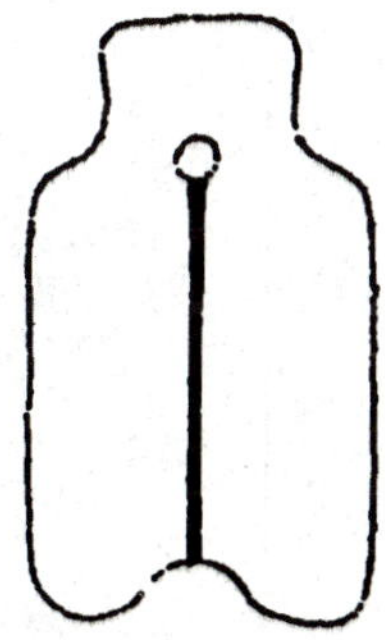

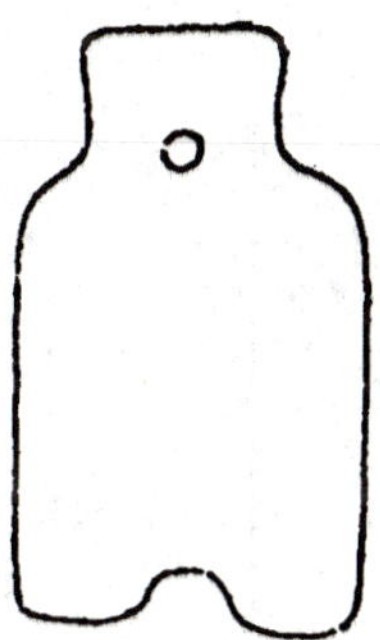

右一品有好無輪郭下作壁文足間圜形

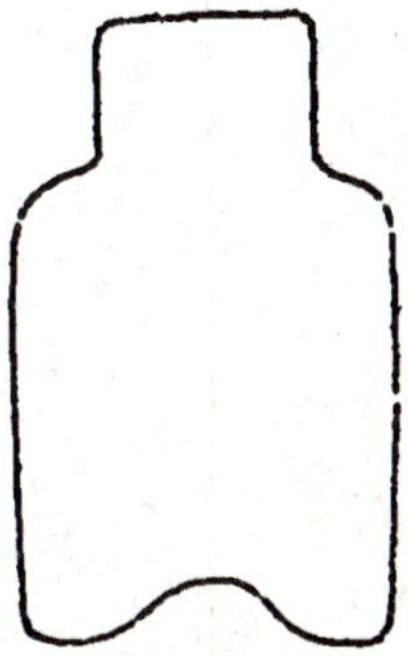

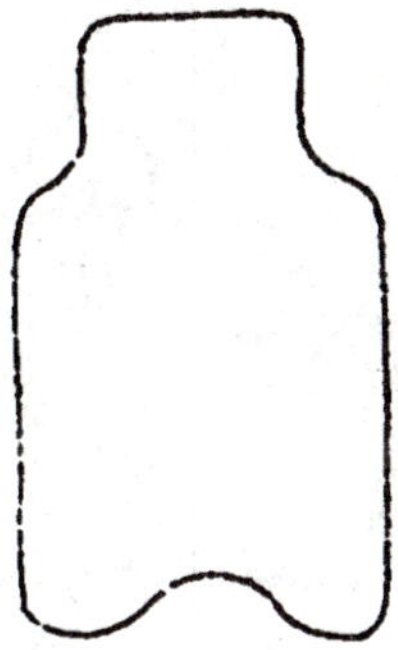

右一品無好郭足間亦圓形

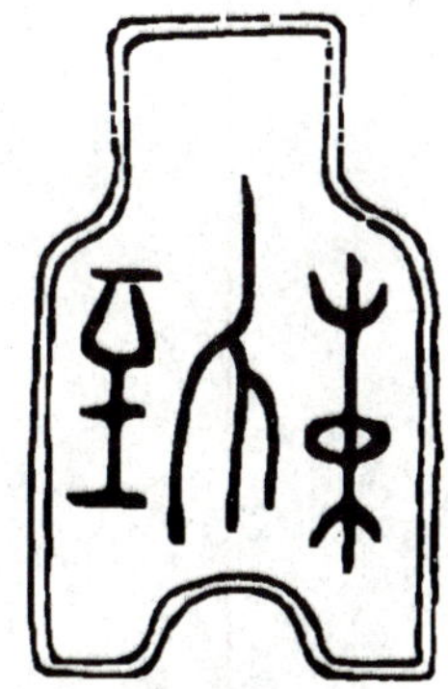

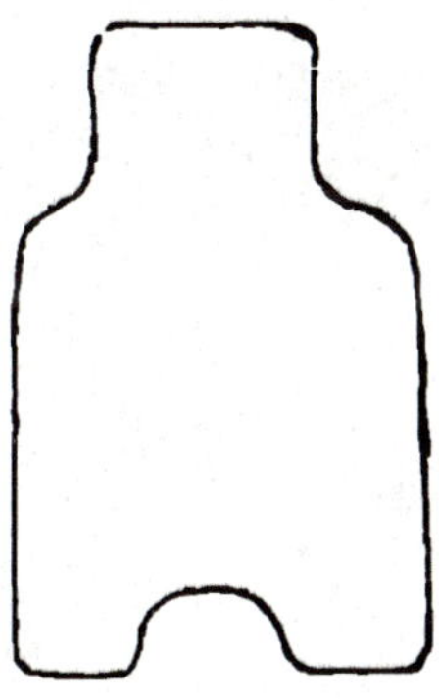

右一品朱疑泉字又類張台所謂山下安中者至即舌倒書之金字也

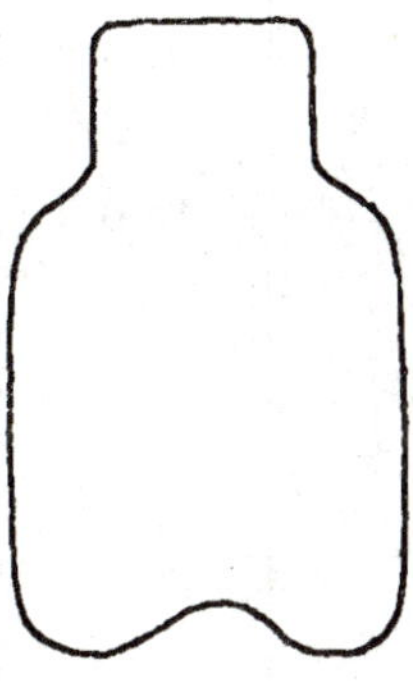

洪志據舊譜謂此布面文五字不可識今按左丈與前金字同

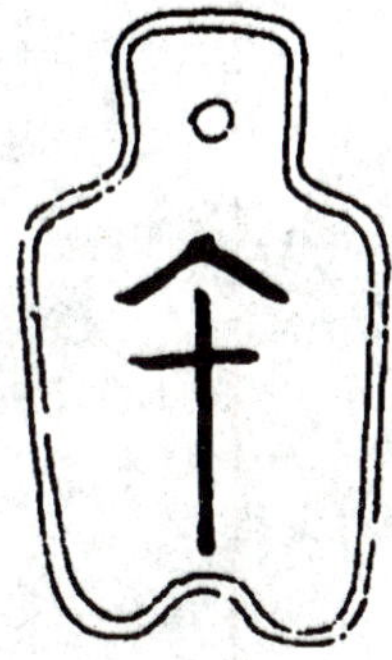

右一品面文類堯布而缺二字洪志所未載合前品為十種其原始莫可攷録之三代之前不敢臆為斷也

欽定四庫全書

錢録卷二

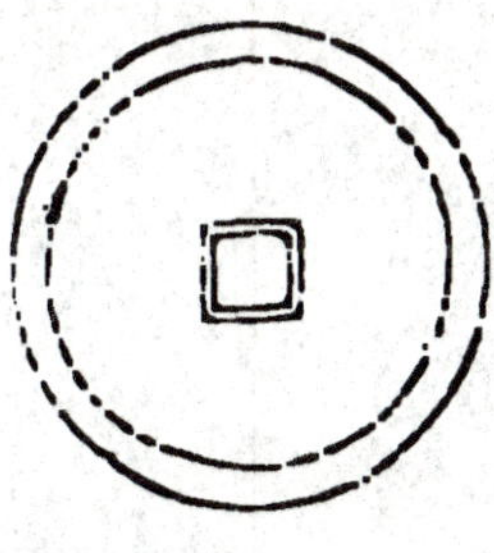

右周景王錢按國語有景王鑄大錢之文而漢書謂景王更鑄大錢其文曰寶貨此一品差大而文字適合

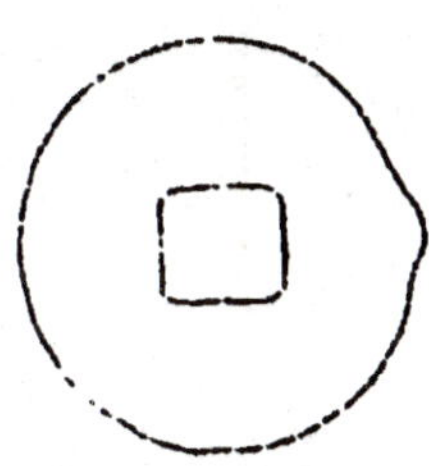

右一品文字漫漶細玩與寶貨二字相近而色澤奇古非秦漢以下製也

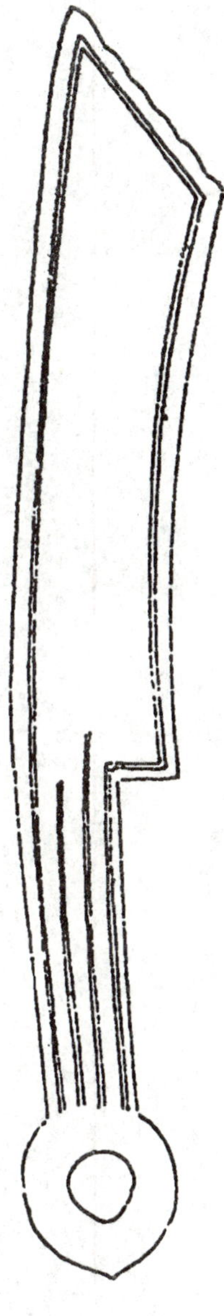

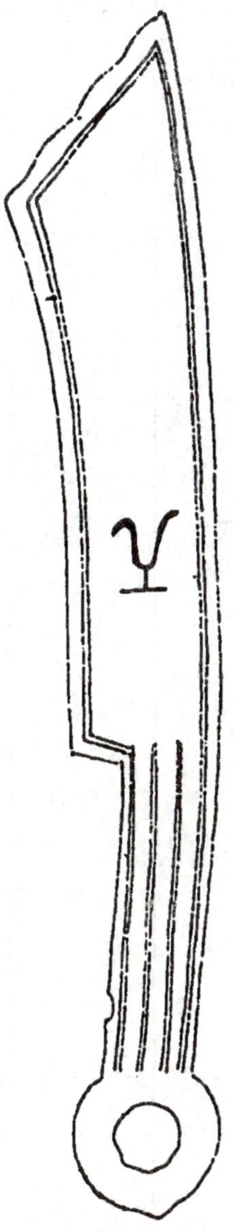

右一品回文同前按管子鑄齊大刀皆有銘文此類是也

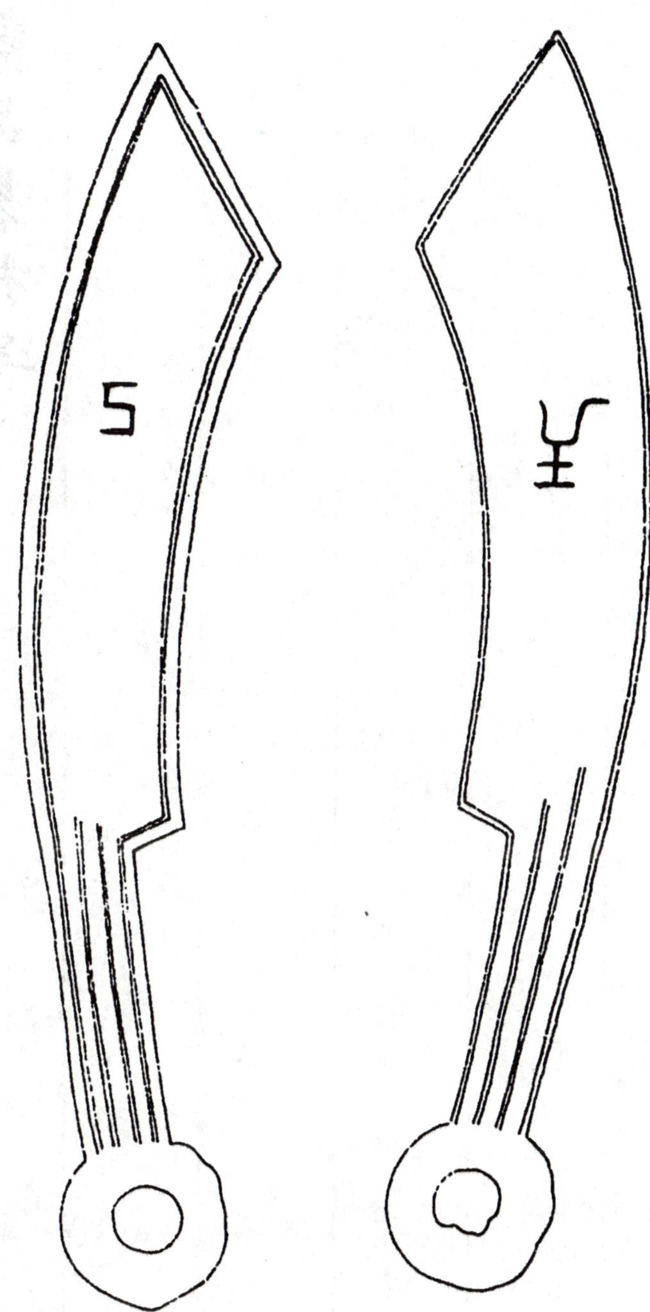

右一品銘作𠂆按篆法為工其背文5字不可識形制
與前數品畧相等

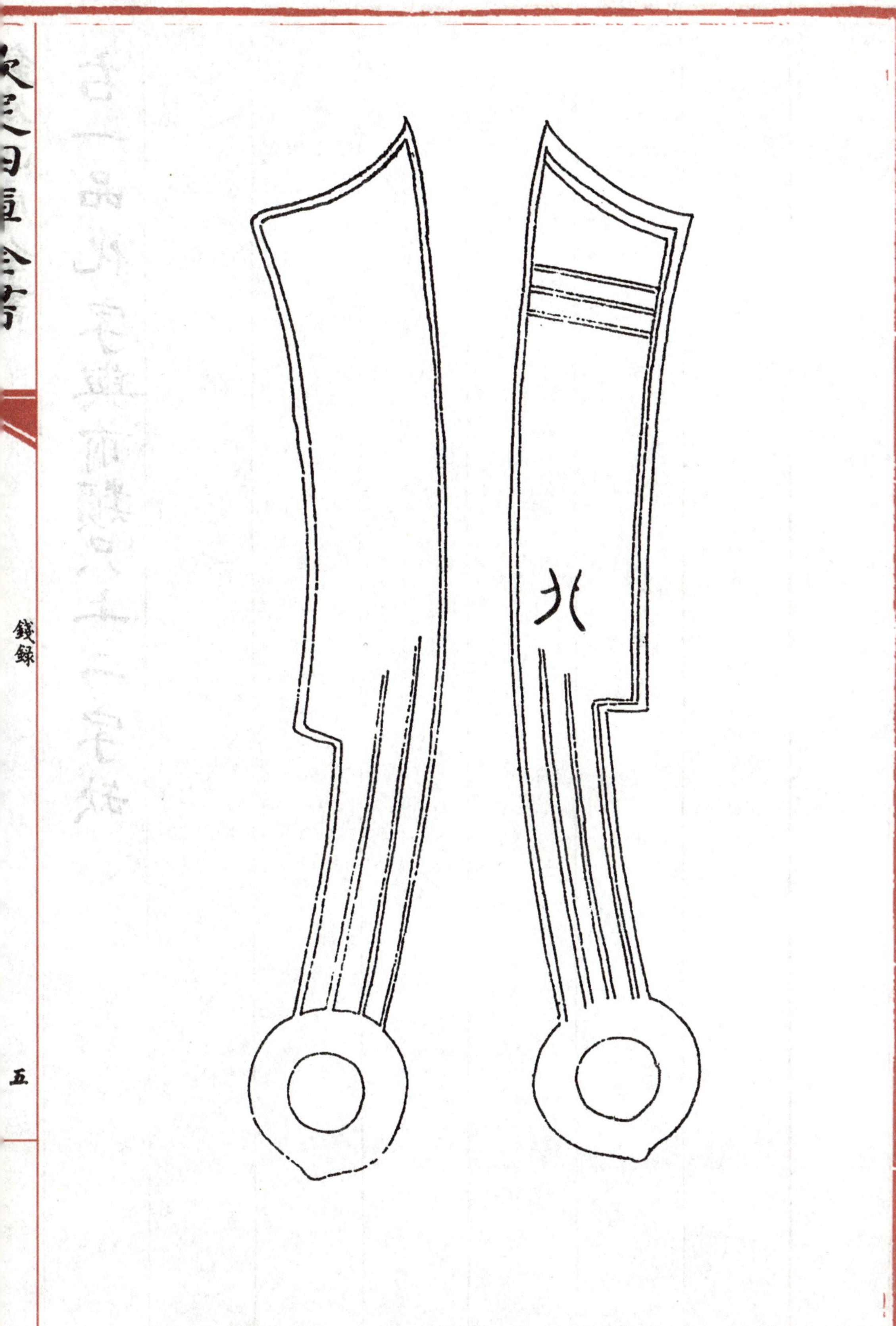

右一品化字與前類只上二字缺

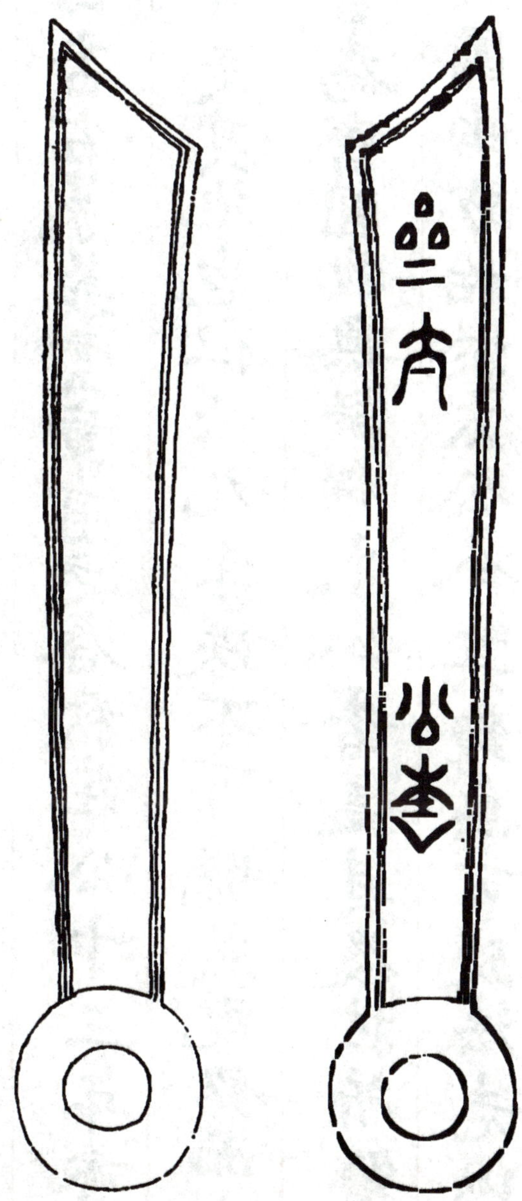

右銀刀一嘉祐雜志曰王公和學士罷沂州得銀刀一有齊太公杏九字中闕不相屬今按齊太公三字良是

字曰杏古篆義雲章有之春秋莊公十三年齊侯會于北杏是其地也但云九字殊不可曉然既銘而杏又其地當為齊國物無疑稱太公者蓋其後世所鑄又九府法錢圜函方始於太公今其錢無可攷法志以無文錢當之然據其所載則虞錢周初秦晉諸國錢下至項梁錢悉無分别未敢以為是也按路史則神農氏已肇

圜法特穿孔不方耳内府所收無文圜錢有數種緣無

徵咸弗登録今存齊刀用誌大槩云

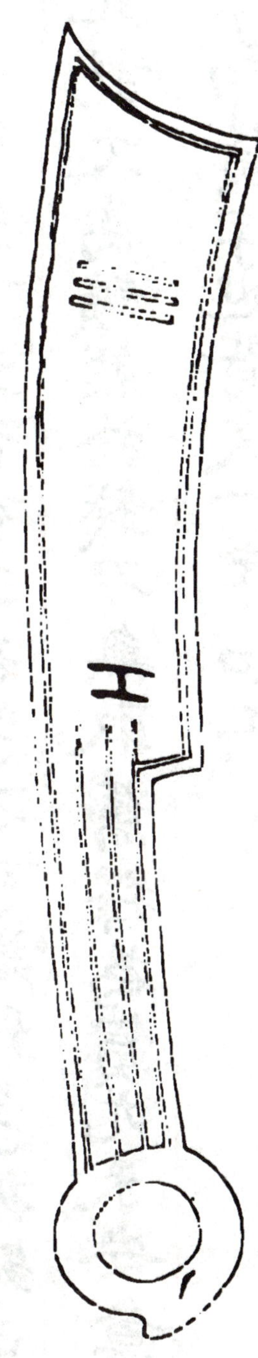

右一品𠆭亝古文皆齊字杏字不可識化字据鐘鼎文為北說文為鑛然於錢刀無取舊釋為貨尤未安意是化字即貨字也背文一字如工

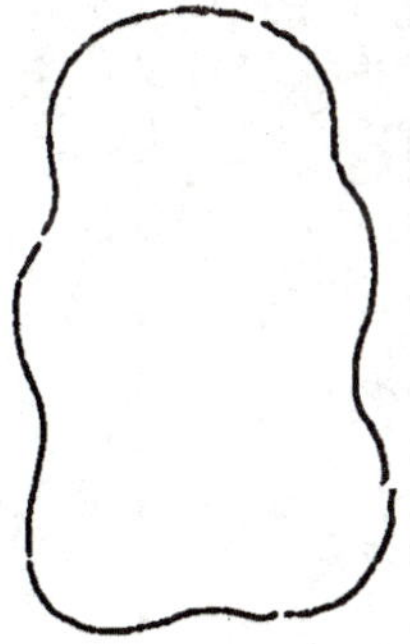

右一品洪志所載引舊譜云唐咸通中詔翰林辨其文為齊歸化今按古篆化字無傍作𠂤者以其銘齊入於大刀之後

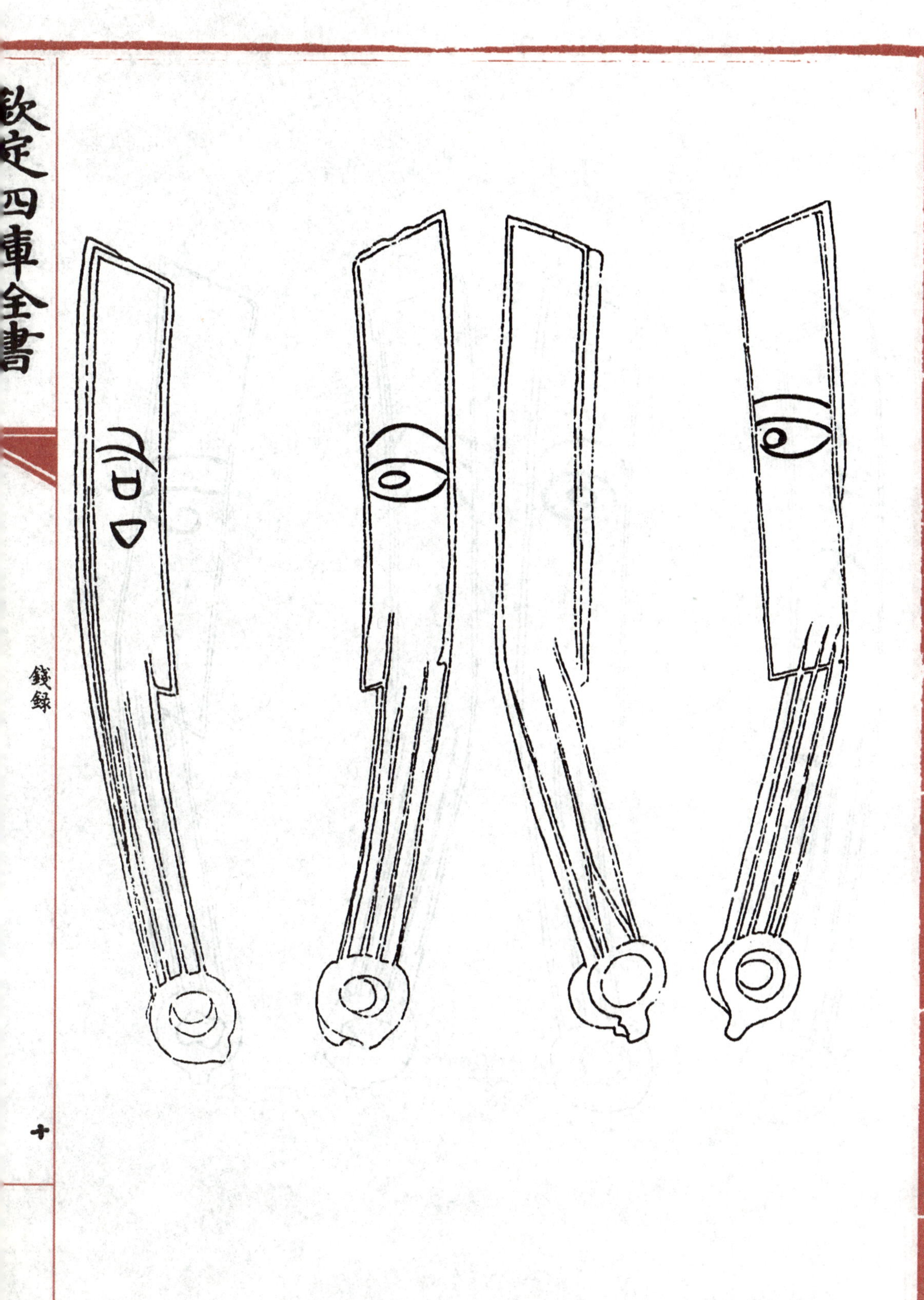

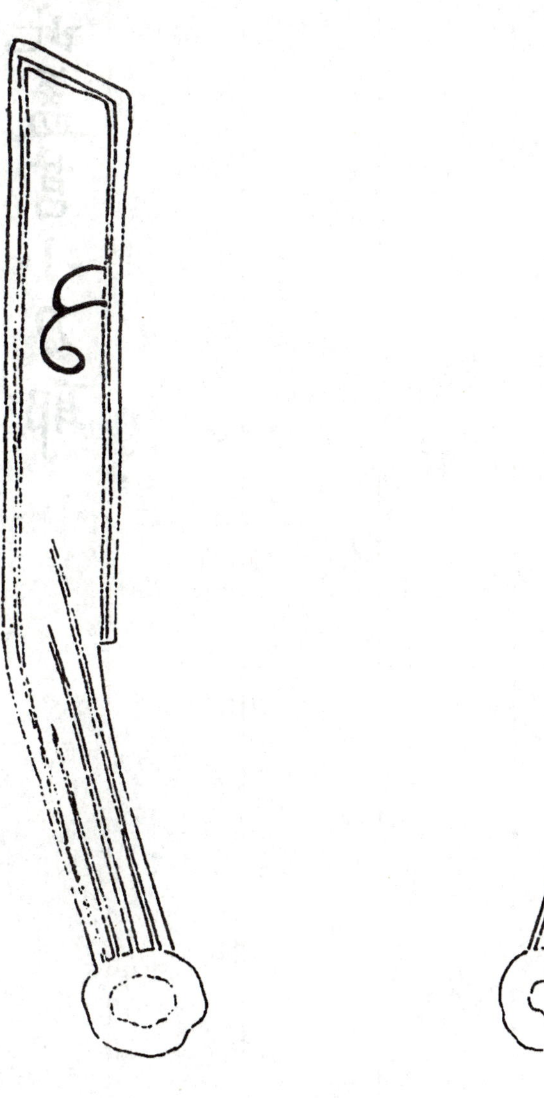

右五品差小而面背作刻畫狀無文字按莒小刀俱無

銘此葢莒小刀耶

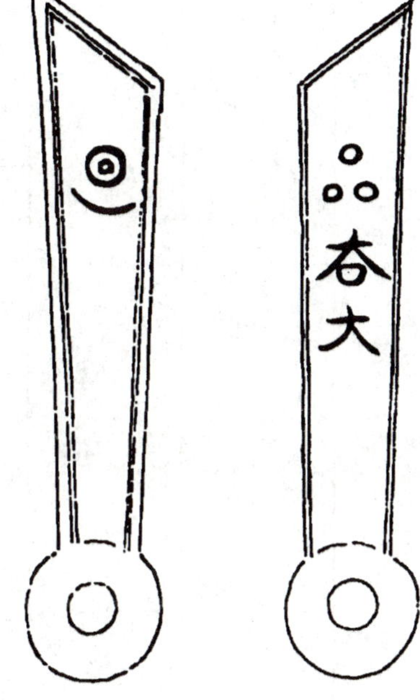

右一品銘三字與洪志所載合云天寶元年西河郡別駕李幼奇於長平溪澗中得之因名為長平古刀然其時代不可考矣附於莒小刀之後

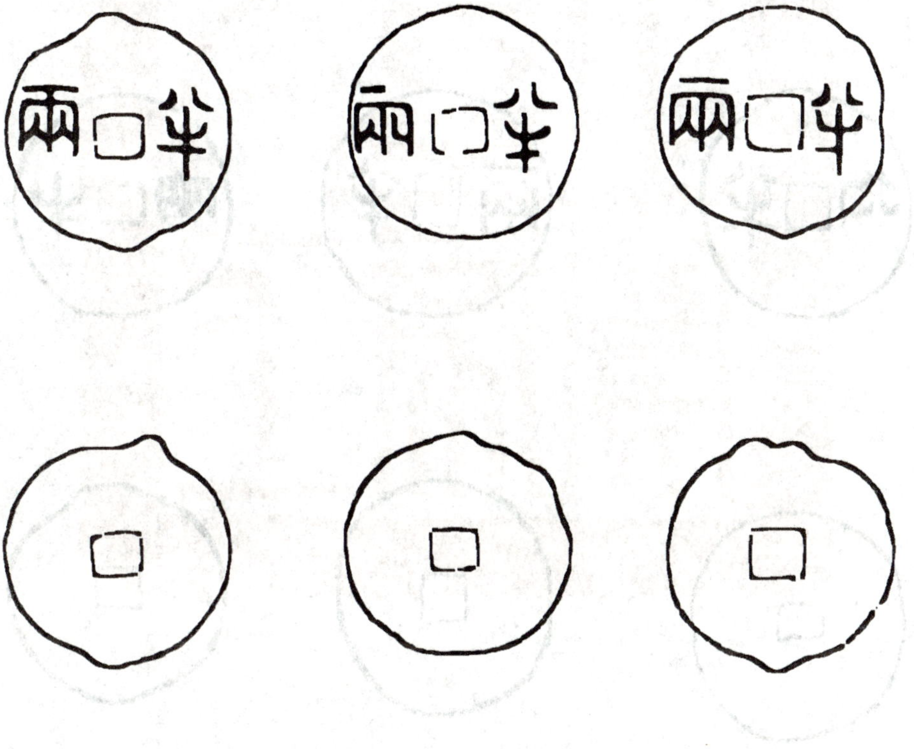

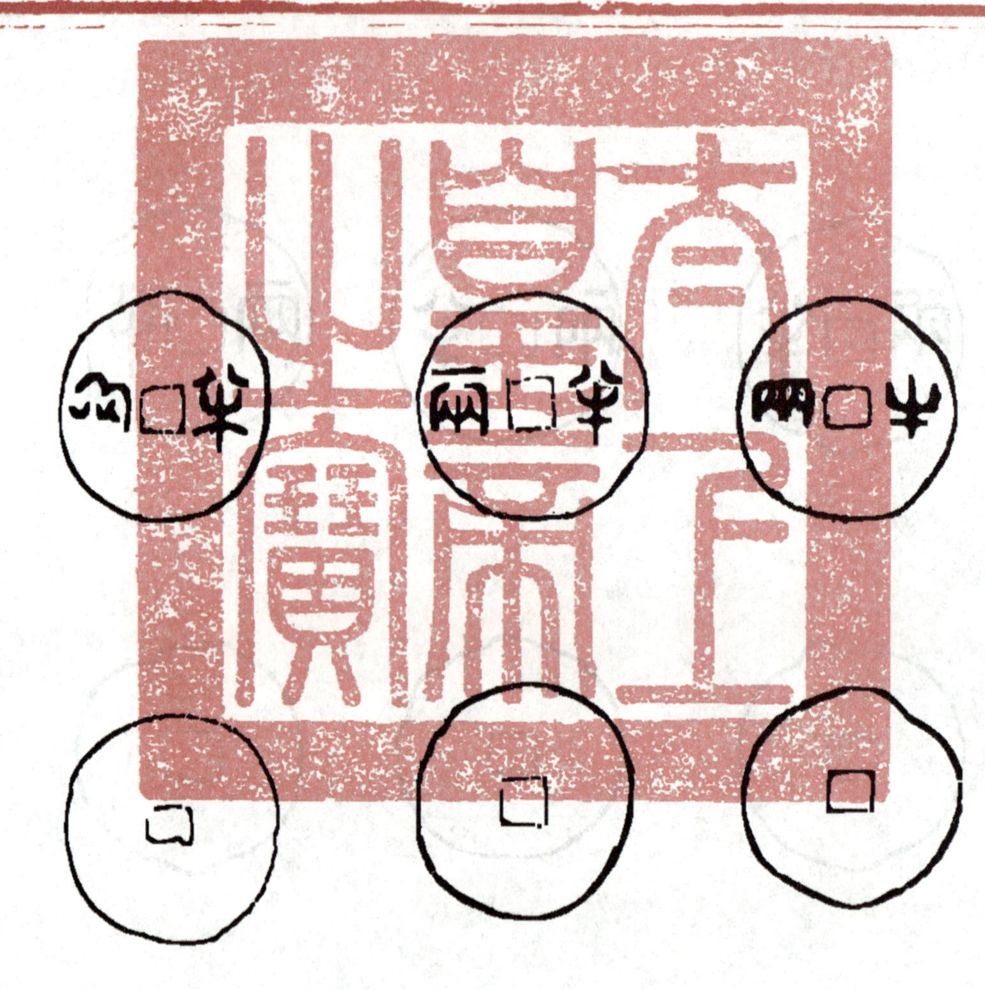

右六錢皆半兩也以歲久青緑剥蝕遂各成一狀因並録之按漢書秦兼天下銅錢質如周錢文曰半兩重如其文據通典云古稱比唐時三之一開元錢為古之七銖以上今開元錢較半兩錢則凡今稱一錢五分左右之半兩大抵皆秦兩今稱一錢者漢八銖之半兩今稱僅五六分以上者漢四銖之半兩也又按史記兩有平書漢興以為秦錢重難用令内府所收半兩有數種此六錢較重固當是秦半兩耳

錢録卷二

欽定四庫全書

錢錄卷三

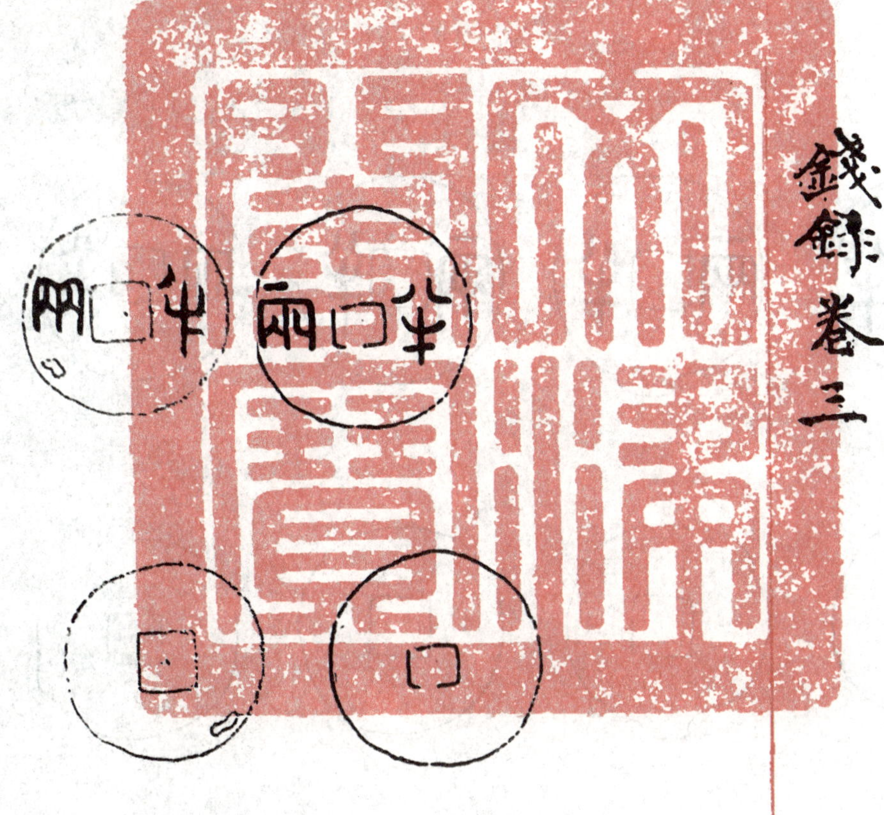

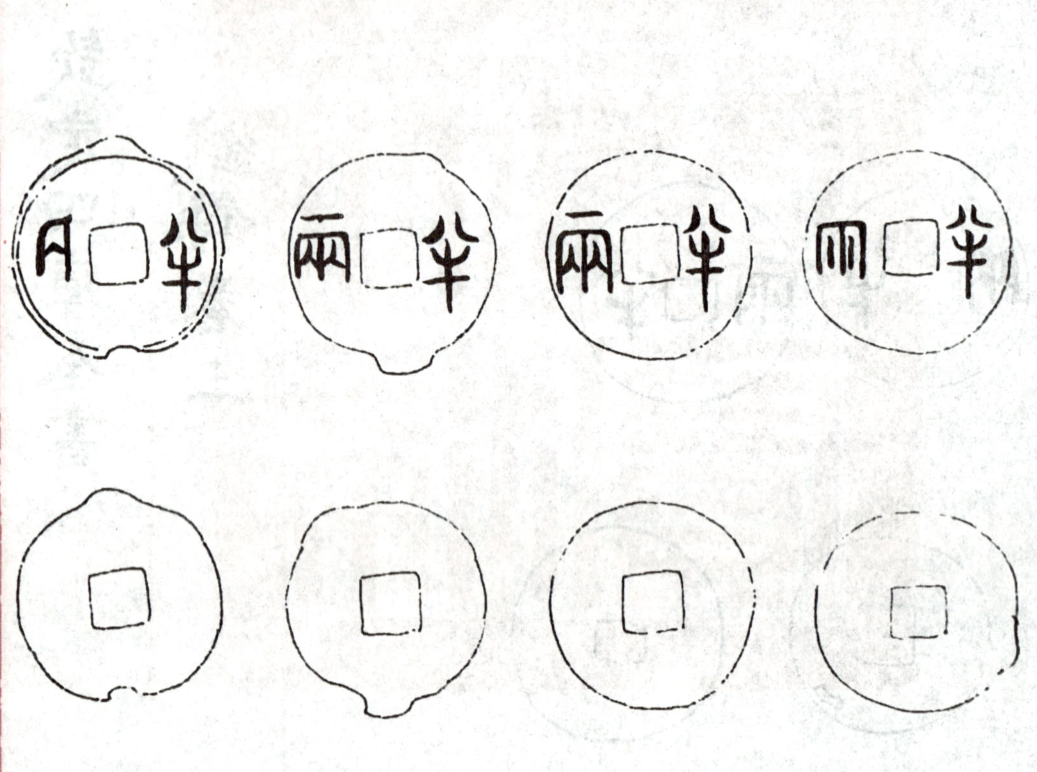

半
兩
半
兩
半
兩
半
兩

右漢初半兩錢較秦錢稍輕狀亦各不同並録之按

漢書高后二年秋七月行八銖錢應劭注曰本秦錢質

如周錢文曰半兩孜二十四銖為一兩今曰行八銖錢

而文作半兩然則襲其名耳實非半兩也馬端臨謂漢

初患秦錢重更鑄榆莢人患太輕故復行此

半兩

半兩

半兩

半兩

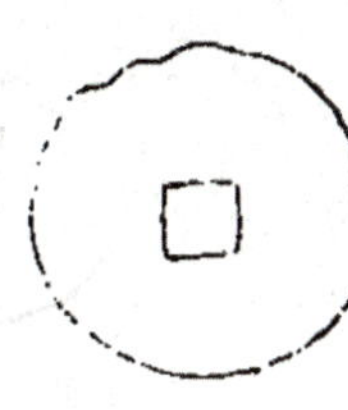

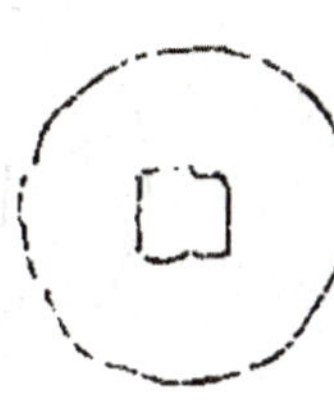

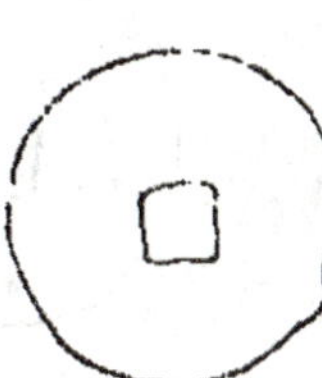

半兩

半兩

半兩

右文帝半兩錢較漢初更較小形模字畫各異亦並録之按漢書文帝五年更鑄四銖錢其文為半兩然則文半兩而稱曰四銖亦猶前八銖但仍半兩之名耳又吴王濞鄧通並盜鑄錢西京雜記謂文字肉好與漢錢同洪志輙謂某為濞錢某為通錢實無據因録此併攷之

三銖

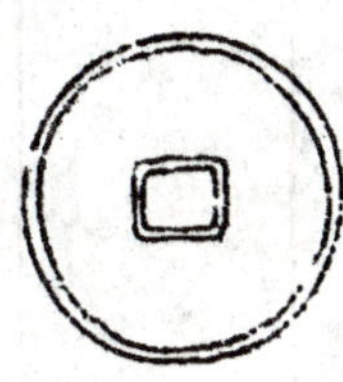

右武帝三銖錢按漢書武帝建元元年行三銖錢顔師古注曰新壞四銖錢造此錢也重如其文

半
兩

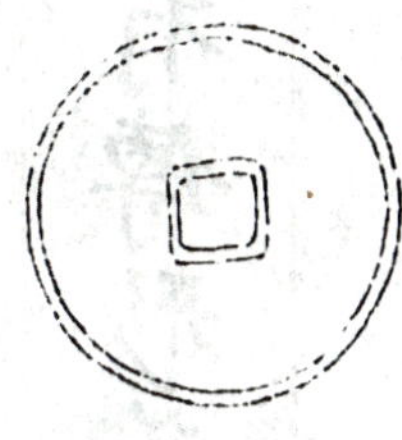

右一品為武帝有郭半兩錢按漢書武帝建元五年罷三銖錢行半兩錢顔師古注曰又新鑄作也明非八銖四銖之舊然其異同莫辨此品則以有郭為異故録之

李孝美曰張台說有傳形者有肉郭者有對文者有隱起字者

右一品為三壂文半兩錢洪志曰封氏云半兩錢有穿下三壂文者

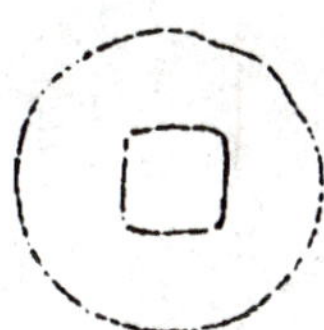

右一品爲傳形半兩錢張台説是也謂之傳形者半字居左兩字居右如紙背傳模然

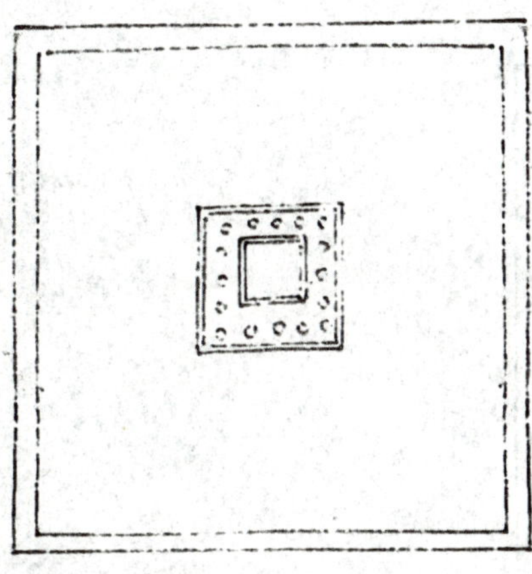

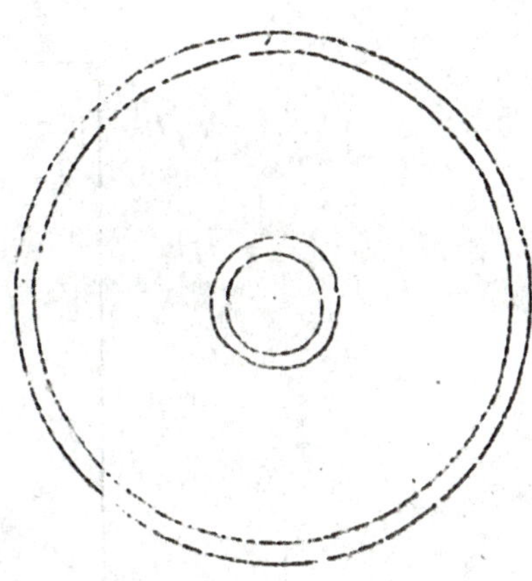

右武帝金錢三品按武帝紀元狩四年有司請收銀錫造白金皮幣以足用此即白金也又食貨志造銀錫白金以為天用莫如龍地用莫如馬人用莫如龜故白金三品其一重八兩圜之其文龍名白撰直三千其二以重差小方之其文馬直五百其三復小撱之其文龜直三百

五
銖

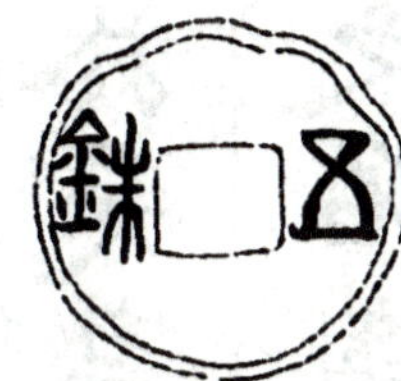
五
銖

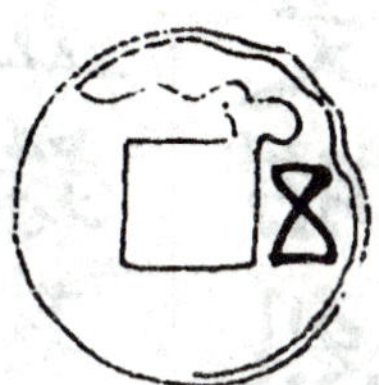
五

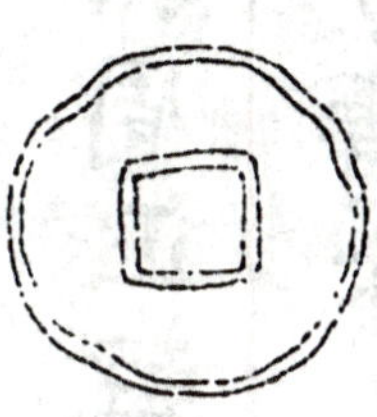

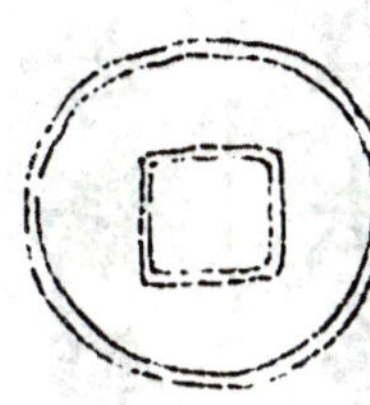

右皆五銖錢按武帝紀元狩五年罷半兩錢行五銖錢

按世謂五銖輪郭周正輕重得中可以為法然行五銖後因民多姦鑄乃鑄赤仄五銖食貨志言後二年赤仄又廢於是禁郡國毋鑄錢專令上林三官鑄故有三官五銖之名葢漢之錢法屢變惟三官五銖為無弊顧今所收五銖甚夥惟赤仄其輪郭色赤後漢靈帝五銖有四出文昭烈帝有直百字梁敬帝有四柱文隋文帝五銖錢色白尚可辨至於後漢世祖建武十六年復行五

銖曹魏明帝從司馬芝請行五銖五代宋文帝錢名當兩亦文曰五銖梁武帝亦鑄五銖又陳文帝天嘉三年元魏世宗永平三年西魏文帝大統六年並鑄五銖乃至董卓亦鑄五銖見袁宏漢紀凉張軌鑄五銖見晉書載記又䟽勒龜兹以地近西凉並有五銖錢其形製無攷不能名某錢為某代所鑄也而洪志必强為分屬臆列於各朝之下實為臆斷兹録其稍有等差者三種如右繫之漢武明創始耳

右粟以漢尺明道始耳

後治合與以下皆[illegible]

[illegible]

[illegible]

至靈帝熹平[illegible]

元魏世宗正始[illegible]

[illegible]

[illegible]

五銖

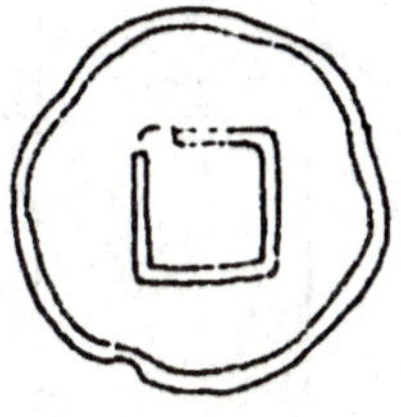

右一品所謂赤仄五銖也漢書武帝元鼎二年令京師鑄官赤仄注曰以赤銅為其郭也此錢郭稍赤色雖年久仍與他錢異未知作法云何

欽定四庫全書

錢録卷四

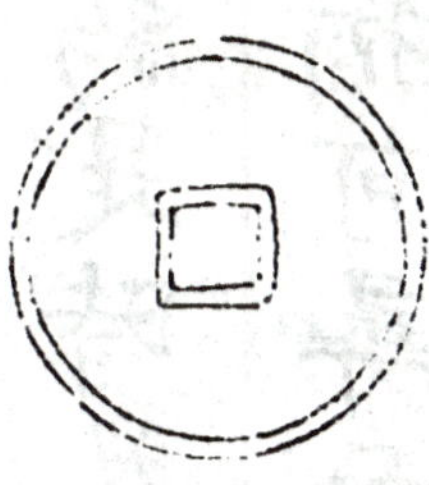

右王莽大錢按漢書食貨志莽以周錢有子母相權於是更造大錢徑寸二分重十二銖文曰大泉五十按今尺得徑九分有歟大約是時尺度每寸為七分餘惟重只六銖稍羸盖尺寸猶可尋而輕重則閲歳久遠銅質銷蝕固難執一以定之矣

大泉五十

大泉五十

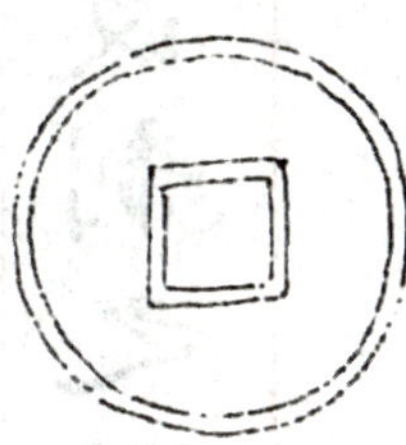

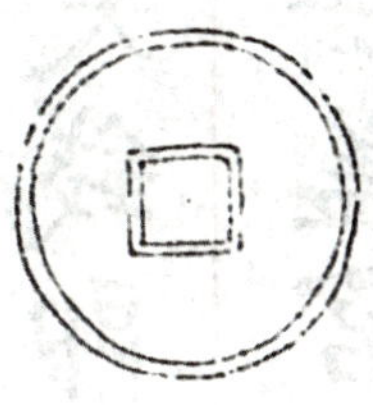

右錢文與前大錢同而形制遞小按莽傳莽造寳貨後百姓不從但行小大錢即前品與此錢也又云盜鑄錢者不可禁迺重其法蓋官私雜出故此二品又自有小大耳莽錢最多而大泉五十為初鑄攷漢自武帝鑄三官五銖後閲宣元成哀平五世無所變更至是莽始變漢法興作紛然為改制之漸矣

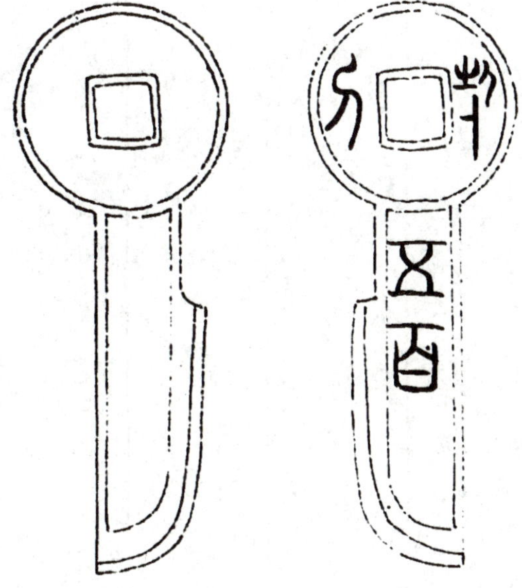
五
百

右莽契刀食貨志契刀其環如大錢身形如刀長二寸

文曰契刀五百

一刀平五千

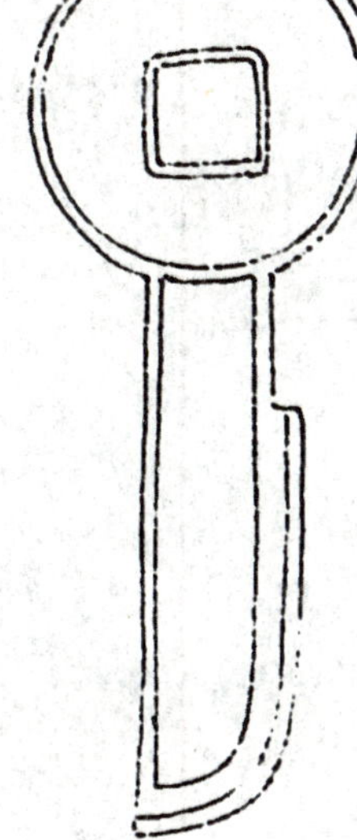

右莽錯刀文曰一刀直五千與志合

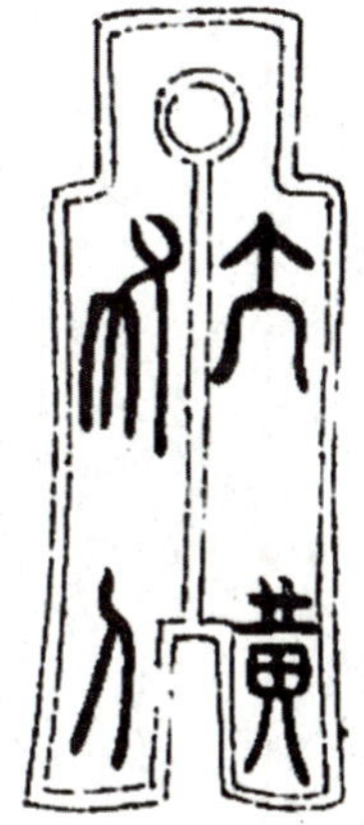

右一品泉志引張台說亦王莽所鑄文曰大黄布刀莽自言黄虞之後大黄莽之自稱也意者莽初謂布刀為一物後乃分為二耶

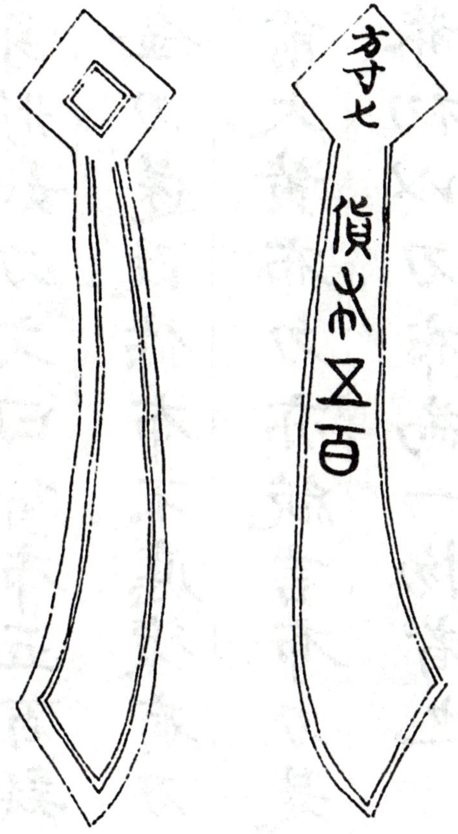

右一品亦泉志所有言宣和五年郭僎為亳州蒙城令村人得之田中柄端有方寸匕三字仿彿隸書背有方孔不透身形如刀文曰貨布五百疑王莽鑄今按莽因劉氏為金刀遂改作布不應復有刀形而五百字與契刀適合前大黄布刀亦統言布刀是或其居攝時所為張台謂莽初以刀布為一物者也

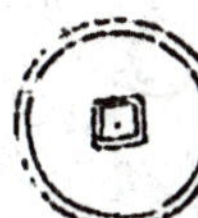

右莽小錢

右厶錢

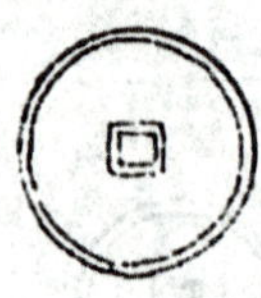

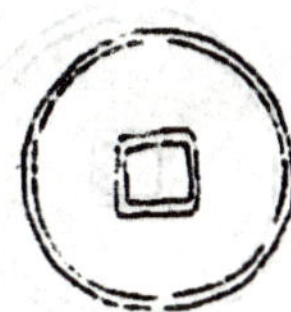

右幼錢

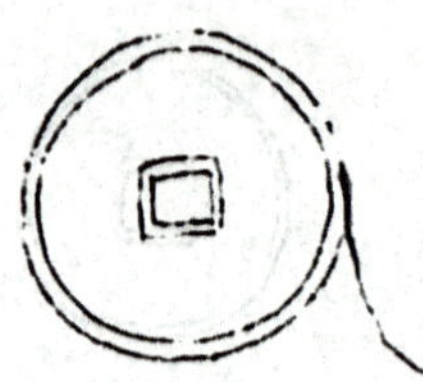

右中錢

壯
泉
三
十

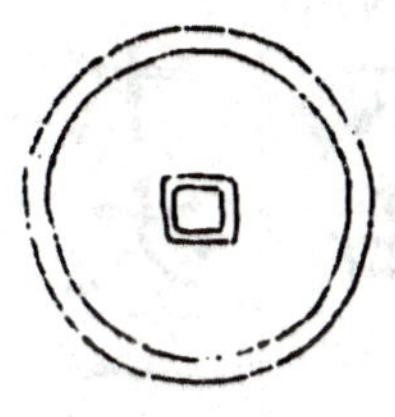

右壯錢按莽既僭真罷錯刀契刀及五銖而更作金銀龜貝錢布之品名曰寶貨小錢徑六分重一銖文曰小泉直一次七分三銖曰幺泉一十次八分五銖曰幼泉二十次九分七銖曰中泉三十次一寸九銖曰壯泉四十同前大泉五十是為錢貨六品

右莽大布

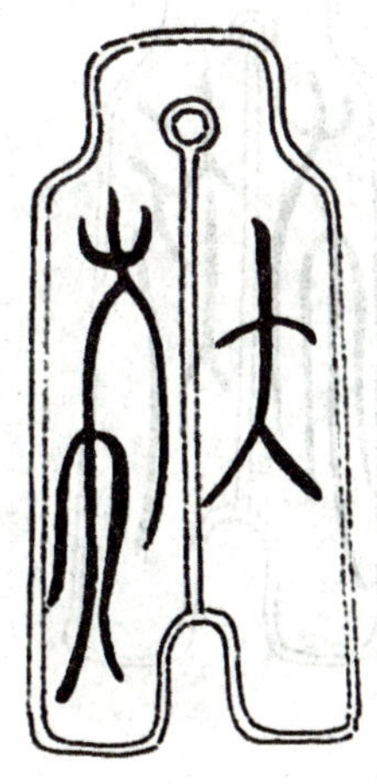

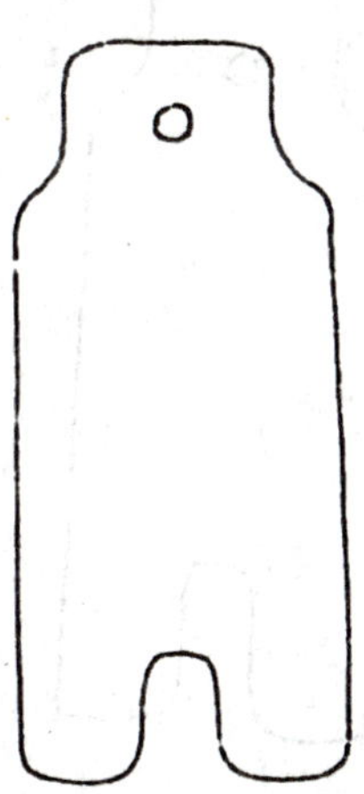

右次布

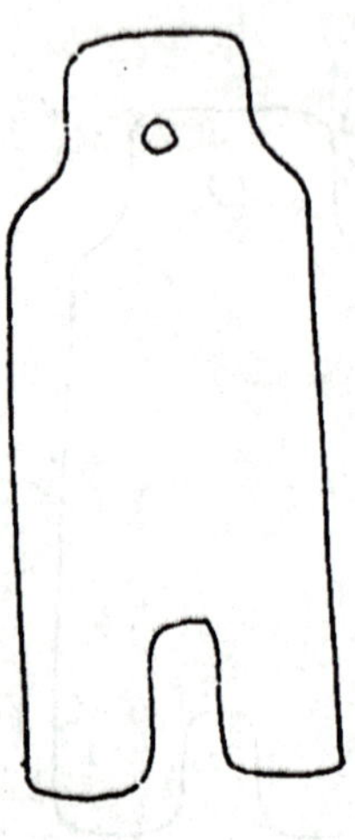

右弟布

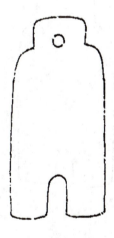

右壯布

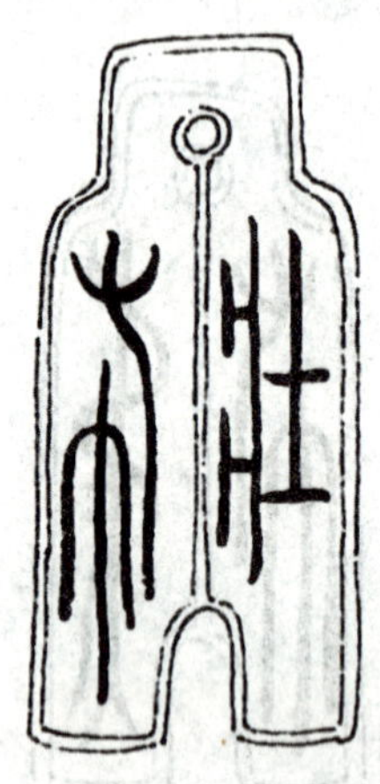

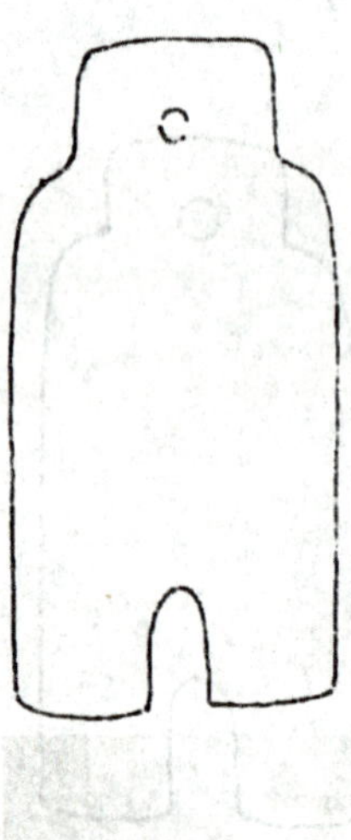

右中布

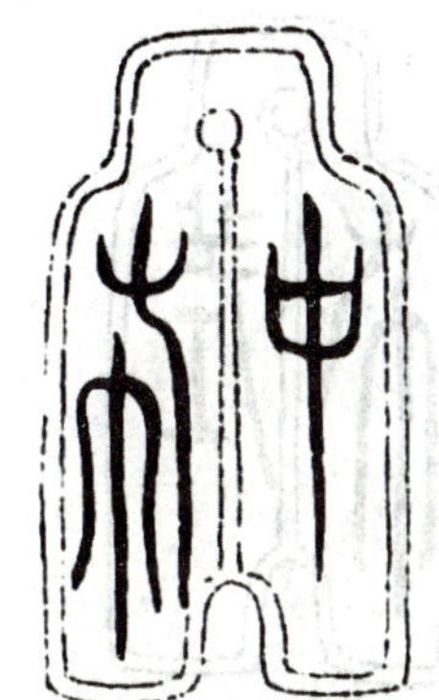

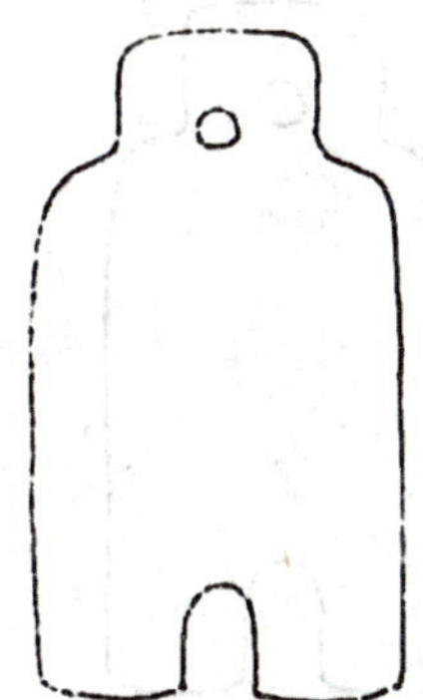

右差布

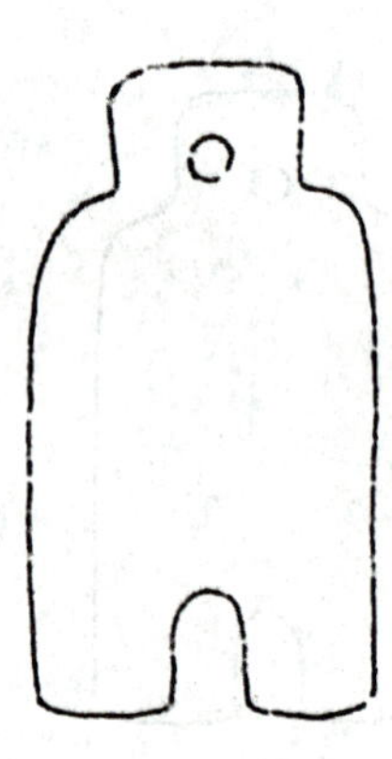

右厚布

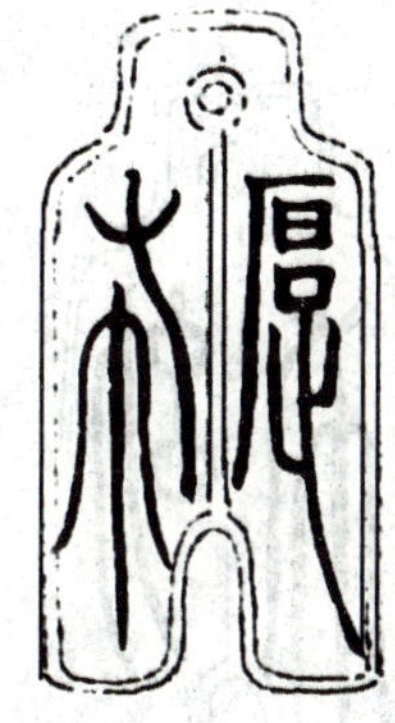

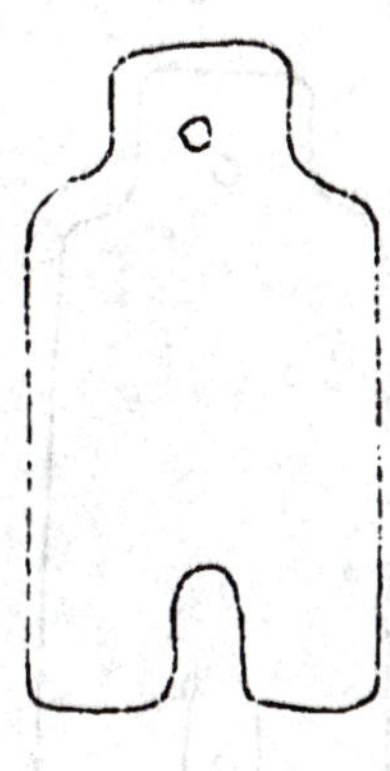

右幼布

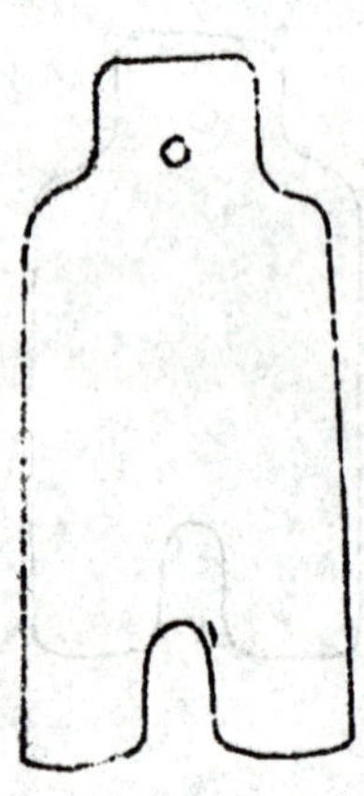

右么布

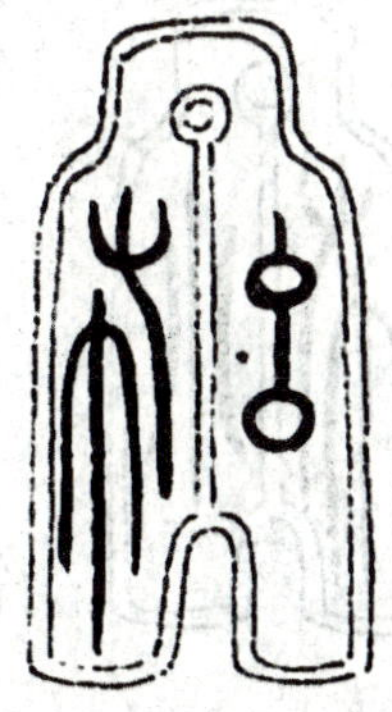

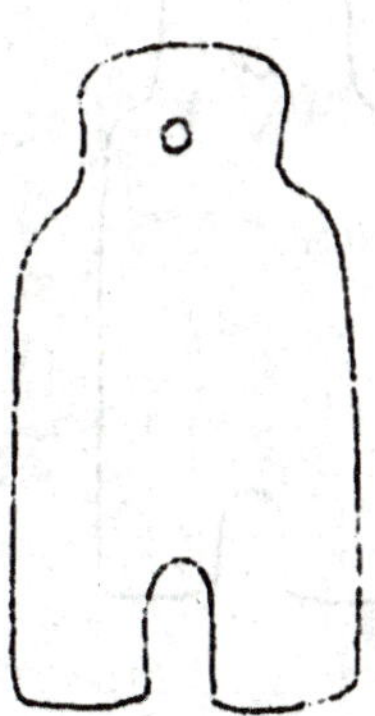

右小布按志小布長寸五分重十五銖自小布以上各相長一分相重一銖文各爲其布名直各加一百上至大布長二寸四分重一兩而直千錢矣是爲布貨十品

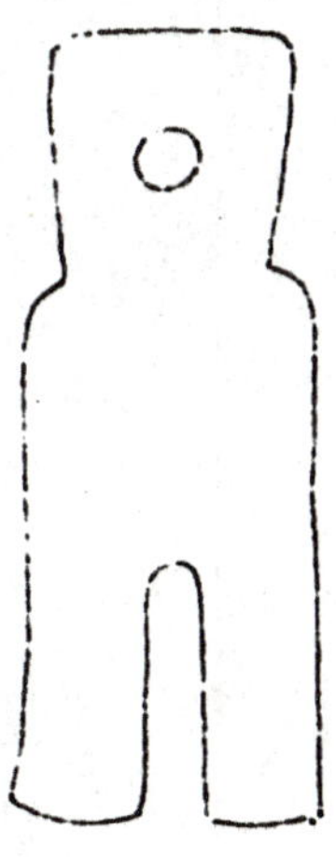

右莽貨布按莽偽天鳳元年罷大小錢改作貨布其文

右曰貨左曰布

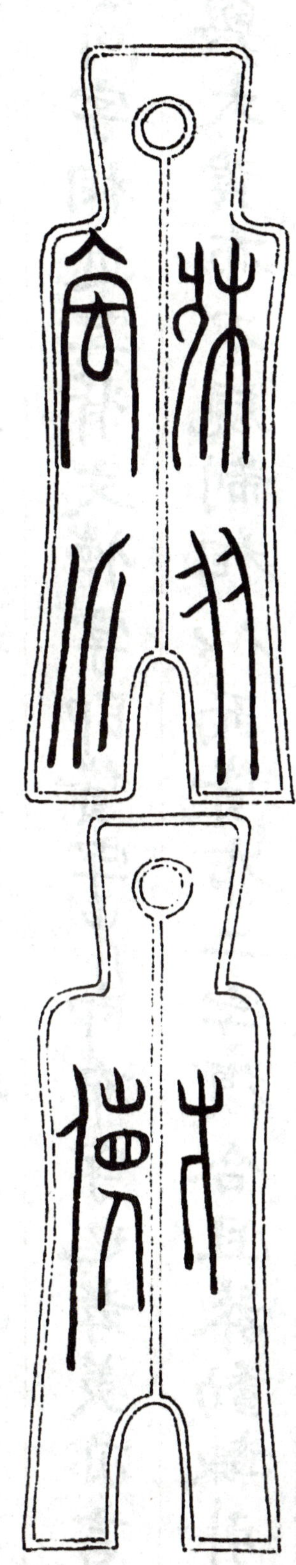

右一品洪志載入異布類形制分寸均合特面文[illegible]字作[illegible]字作[illegible]字作[illegible]背文[illegible]字作十當由傳寫之誤洪遵及李孝美譜俱言不可識今按[illegible]字與舜當金[illegible]字相近其背文[illegible]字即貨字[illegible]即布字也孝美亦言與大黃布刀規制相似而貨布二字復合且莽動輒引黃虞自謂舜後或曾仿當金而又變其文也緣列於莽貨布之後

貨泉

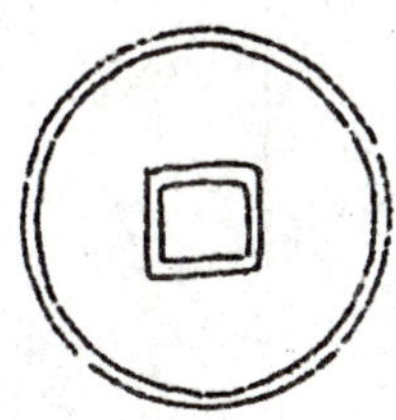

右莽貨泉按貨布直貨泉二十五貨泉徑一寸重五銖

文右曰貨左曰泉枚直一與貨布二品並行

貨泉

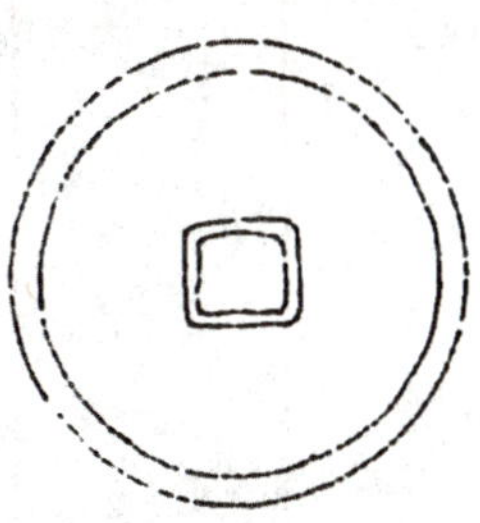

右貨泉按凡志云徑一寸者寸為今七分餘則此品稍大為異於前因文同併識於此

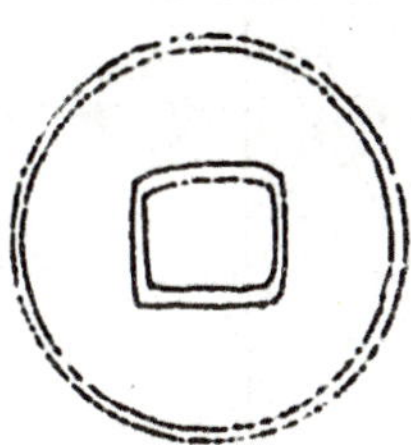

右一品重十三銖有𣎴右文貨字猶可辨其左隱起亦泉字色澤奇古非漢以後物疑貨泉别種也

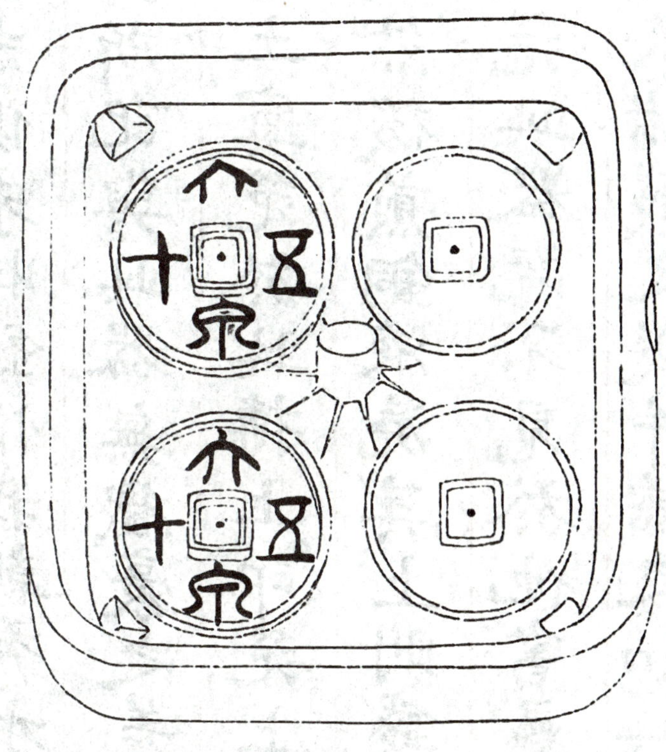

右莽錢范左列錢文二曰大泉五十以是知為莽物也前此圖志俱未收録惟我朝秀水朱彝尊曝書亭集有之攷其所記與此器無纖豪之差命之曰錢范者範金必先合土實范於此摶土印范上覆之則錢函方圓皆為凹文然後煎銅液澆其上則錢為凸文而錢文以成故謂之范此器既不見於他書彝尊之說復未詳其用爰圖於莽諸錢之後并識之如此

錢録卷四

欽定四庫全書

錢録卷五

五銖 五銖

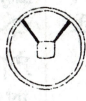

右漢靈帝四出五銖按終後漢數百年俱行五銖錢桓帝時議改鑄大錢劉陶言其不便乃止至靈帝中平三年鑄四出文錢而獻帝春秋曰靈帝作角錢錢猶五銖而有四道連于邊輪今所收或止背文二道其四出者短不及郭是為小異耳

直百五銖

直百五銖

直百五銖

直百

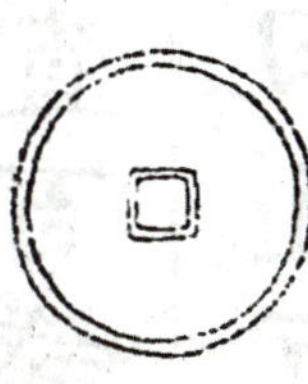

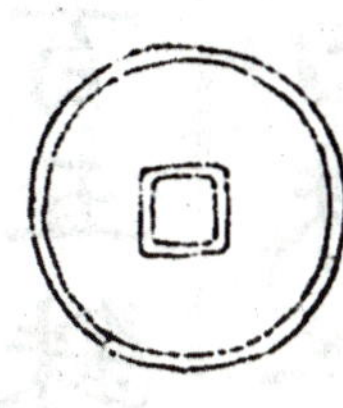

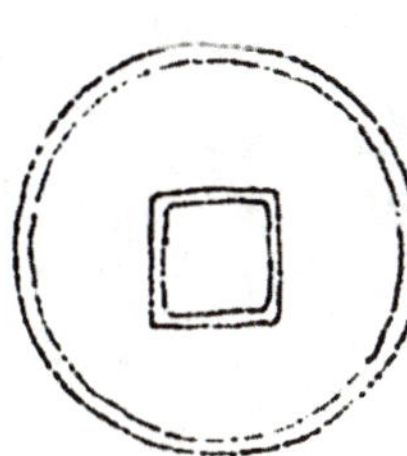

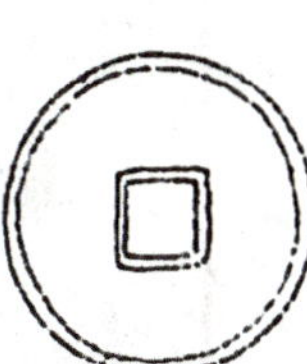

右蜀漢昭烈帝直百錢按昭烈帝取蜀從西曹掾劉巴議鑄直百錢文曰直百亦有勒為五銖者今首一品文直百是已曰直百五銖則所云勒為五銖者也洪志引舊譜徑七分重四銖今所收大小輕重不一不盡如舊譜所言也

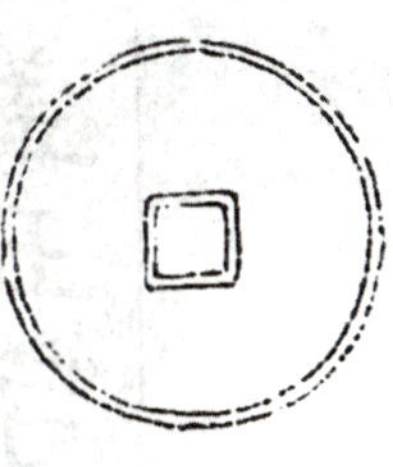

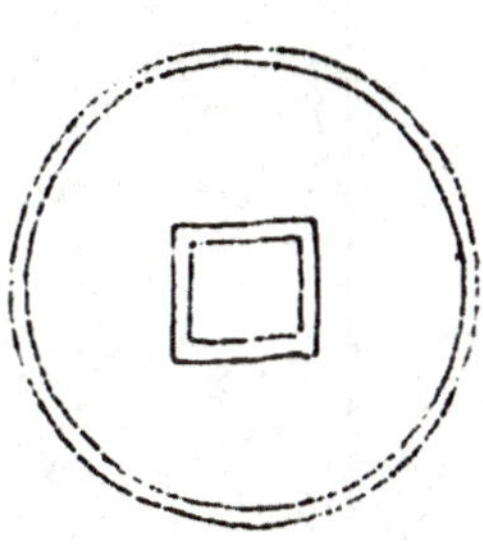

右傳形五銖錢大小二種銖字篆法微不同按顧烜譜謂昭烈鑄傳形五銖蓋五字居左銖字居右仿傳形半兩為之

爲

右昭烈帝爲字錢按洪志言昭烈錢凡四種有一種面文相類背肉粗惡穿左有一爲字此品面無文背有爲字附録於此

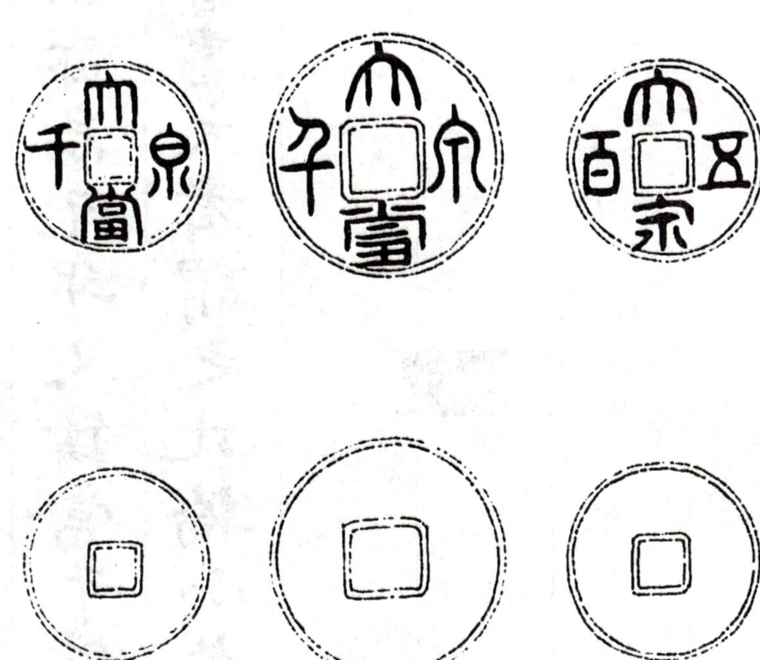

右三國吳大帝大錢按吳志嘉禾五年鑄大錢一當五百至赤烏元年又鑄當千錢而洪志謂當千錢有兩品考晉書大者謂之比輪小者謂之四文今大小二等是已

太
元
貨
泉

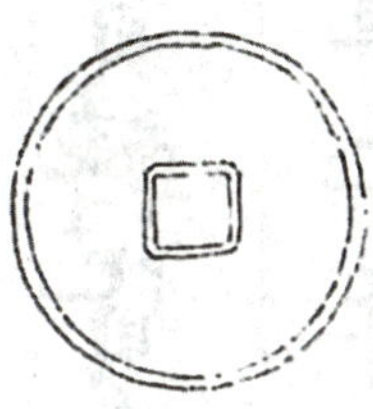

右太元貨泉洪志謂不知年代今按東晉孝武帝寧康三年丙子改元太元則此為孝武所鑄顧東晉鼓鑄事不見於史傳攷太元三年詔曰錢國之重寶云云亦止禁百姓銷壞及商賈轉貨與夷人不聞開鑄也又攷涼張駿於晉明帝太寧二年亦改元太元則此錢究未知誰氏鑄後人謂以年號繫錢始於五代宋建武若據此錢則建武又在後當以此錢為始矣

豐貨

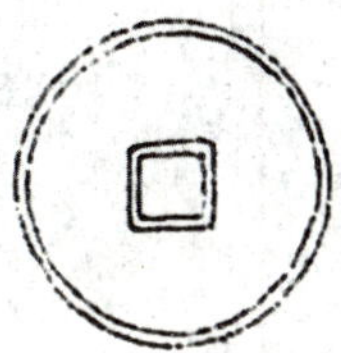

右後趙石勒豐貨錢石勒鑄豐貨錢見晉書按此錢梁初猶行之通考謂豐貨錢徑一寸重四銖半代謂之男錢是也

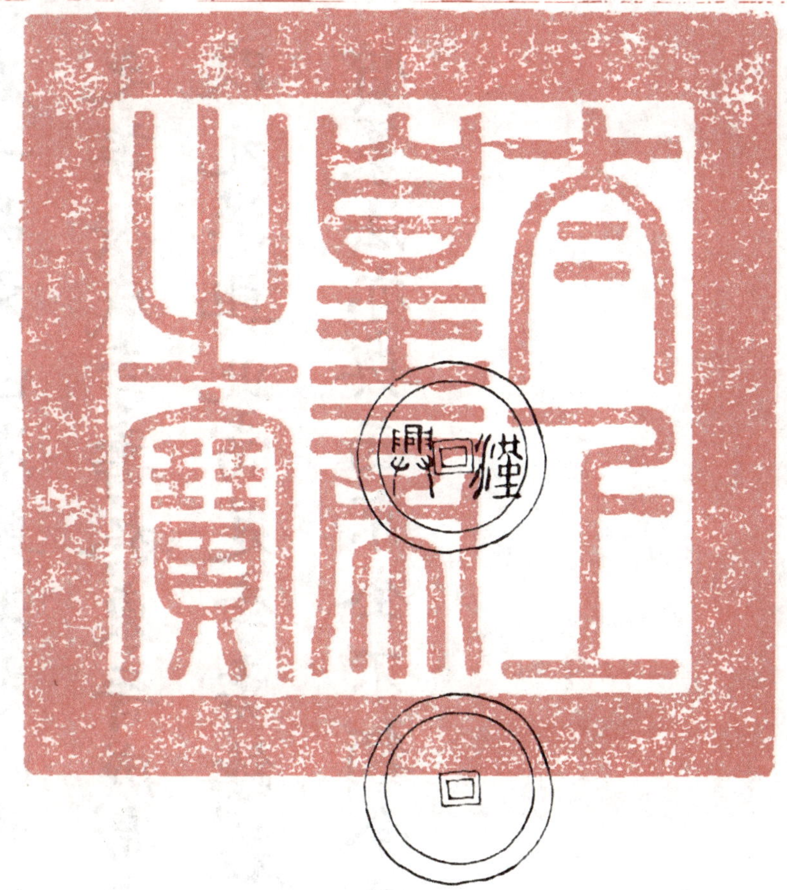

右一品文曰漢興洪志以爲漢䆠錢葢緣顧烜李孝美之誤按成李壽於東晉成帝咸和十三年改國號曰漢改元漢興此當是李壽鑄若云漢初錢文實無據且形質篆法亦與西京全不類今政之謹録於此

欽定四庫全書

錢録卷六

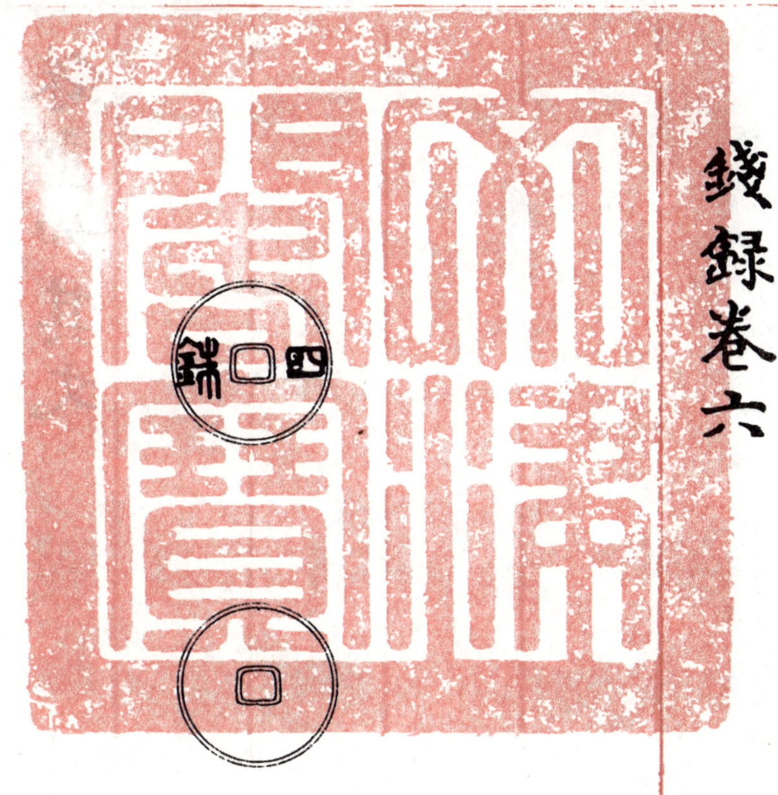

右五代宋文帝四銖錢按文帝紀元嘉七年鑄文曰四銖重如其文

歲
建

四
銖

右武帝孝建四銖錢按武帝紀孝建元年鑄顧烜譜云一邊爲孝建一邊爲四銖洪志引舊譜孝建二字薤葉文四銖則大篆也

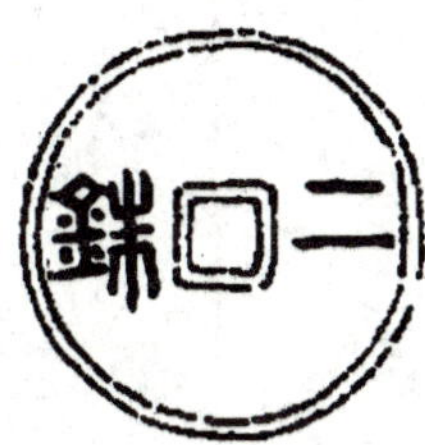
二
銖

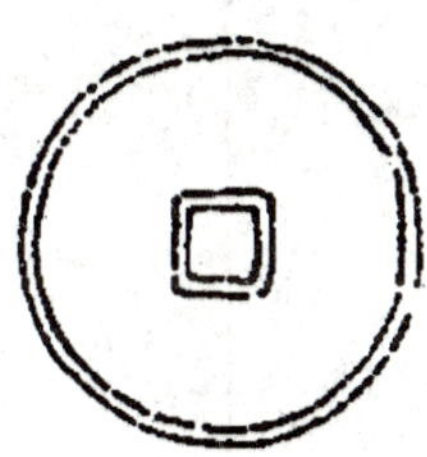

右廢帝子業二銖錢按子業紀永光元年二月庚寅鑄二銖錢三月甲辰罷

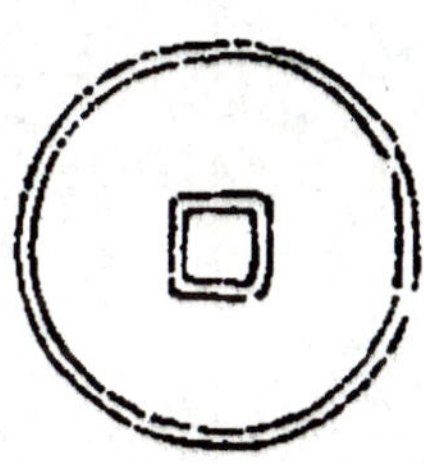

右廢帝永光錢洪志引徐氏說辨其文曰永光

景和

右廢帝景和錢按通考廢帝景和二年鑄二銖錢文曰景和考大明八年閏五月子業即位其次年乙巳春正月乙未朔改元永光秋八月改元景和十一月被害明帝自立十二月改元泰始則景和無二年甚明通考所稱疑有誤此錢葢改元景和後所鑄非二年也輪郭肉好亦與二銖不同與二銖固當爲兩種而馬氏誤合之爲一耳

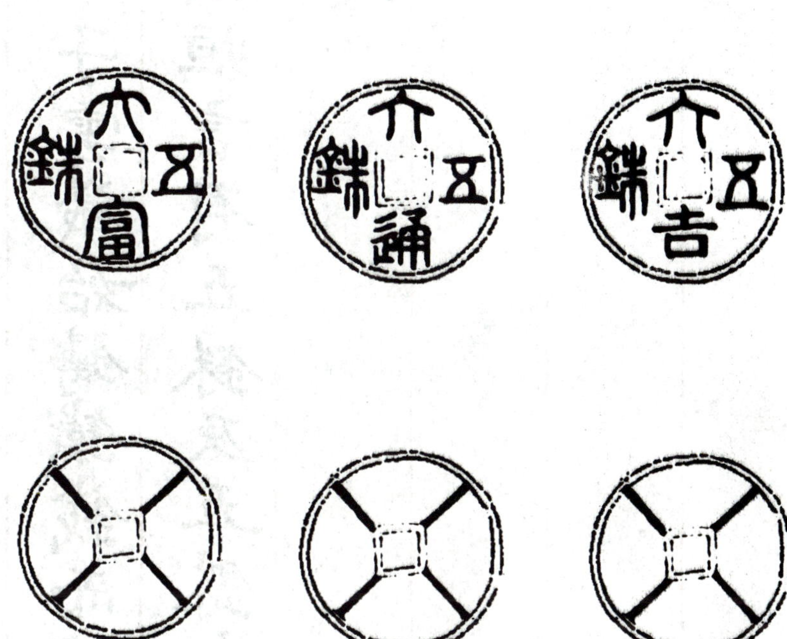
大富五銖
大通五銖
大吉五銖

右梁武帝鐵錢按本紀普通四年十二月戊午用給事中王子雲議始鑄鐵錢而隋食貨志亦言普通中鑄鐵錢顧烜言有五銖及五銖大吉大通大富等文此數品皆是

五
銖

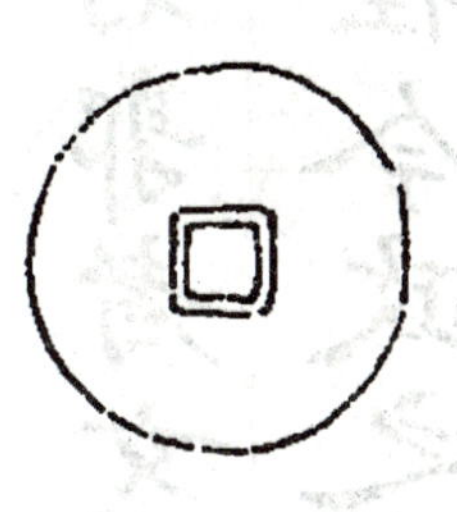

右五銖女錢按食貨志梁五銖錢肉好周郭又别鑄除其肉郭謂之女錢即公式女錢也以其官鑄故謂之公式曰女錢者因其時有豐貨名男錢也張台曰背有好郭者公式女錢無好郭者女錢是誤以公式女錢爲二而不知其固是一種今政之

太平百錢

太平百錢

太平百錢

太平百錢

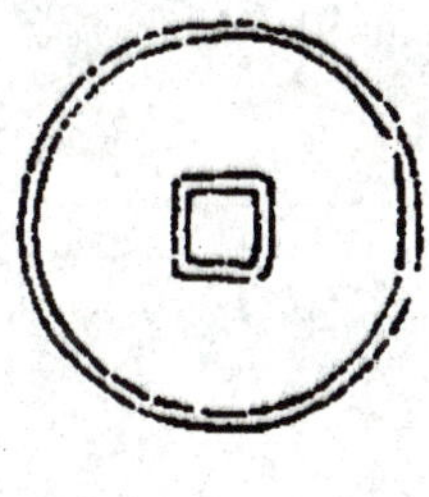

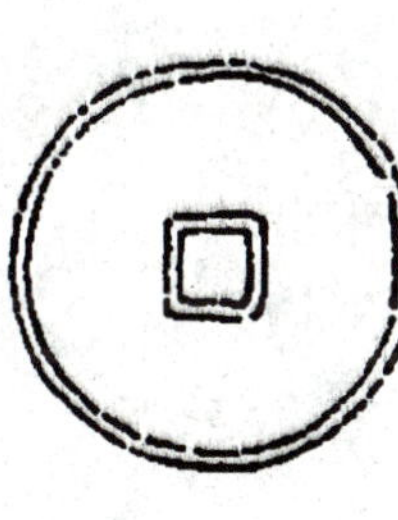

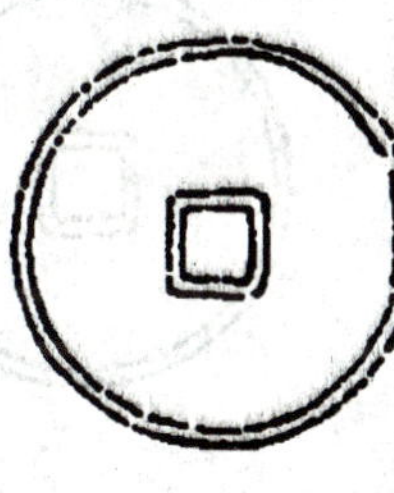

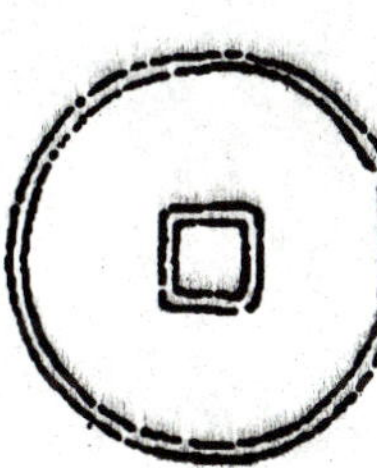

大
百
平
金

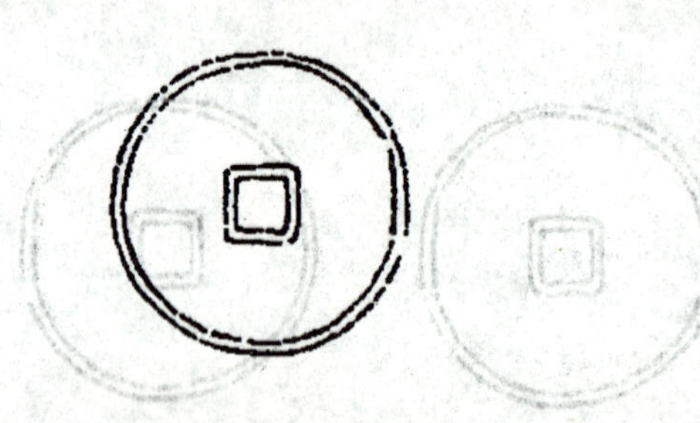

右太平百錢凡五種篆法各不同大小有間末一品錢
字作金

一
百

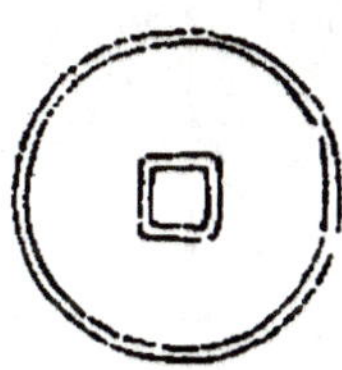

右定平一百定字澺缺

五朱

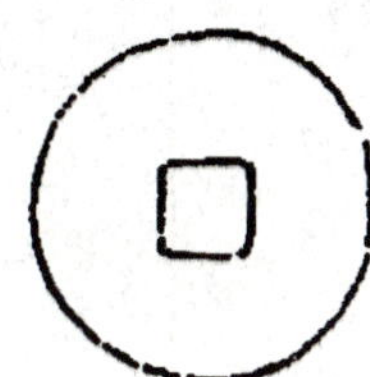

右錢文曰五朱

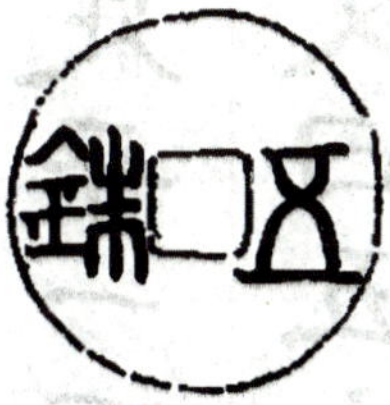
五銖

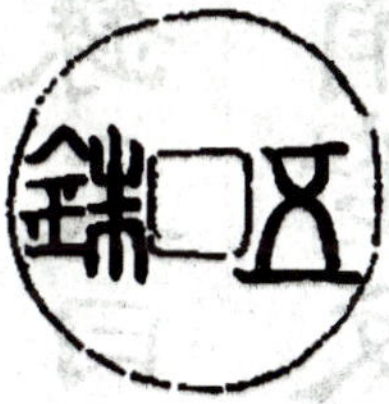
五銖

右對文五銖錢面背皆文曰五銖按隋書食貨志梁武帝時百姓或私以古錢交易有直百五銖五銖女錢太平百錢定平一百五銖稚錢五朱對文等號輕重不一又通考定平一百五銖文曰定平稚錢五銖文曰五銖又五銖文曰五朱又有對文錢其原未聞豐貨錢代謂之男錢云婦人佩之即生男也今諸錢皆梁以前鑄以其爲武帝時民間所用爰録於此惟稚錢五銖與五銖品同異莫辨故弗志其直百一種已入於蜀漢豐貨一

種入於石趙此不重出也

五銖

右敬帝四柱五銖按本紀太平二年夏四月己卯鑄四柱錢一准二十壬辰改一準十

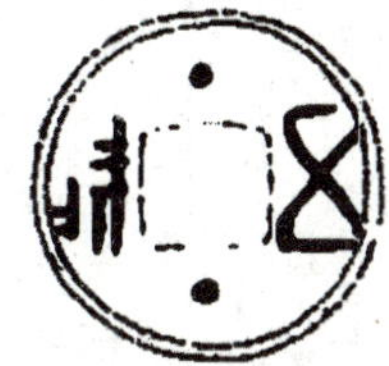

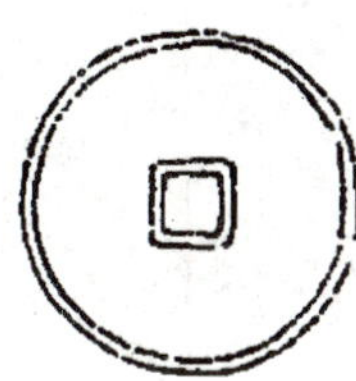

右兩柱五銖按隋書食貨志梁末又有兩柱錢與四柱同

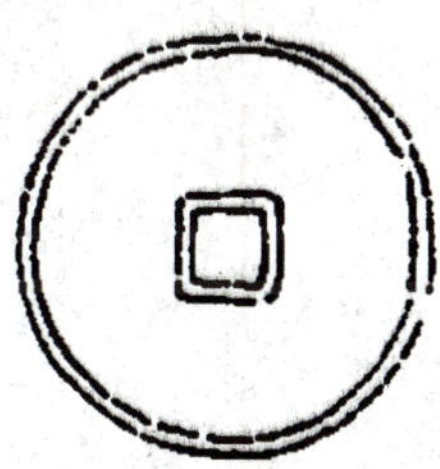

右陳宣帝大貨六銖錢陳書本紀大建十一年秋七月辛卯初用大貨六銖錢隋書食貨志云以一當五銖之十與五銖並行後還當一

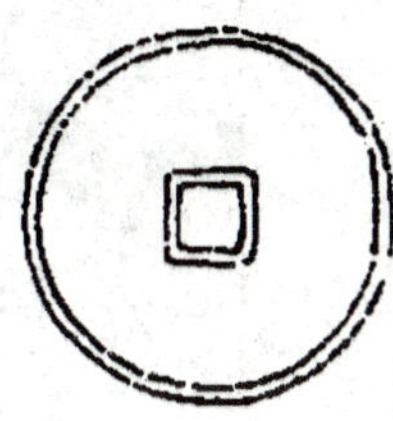

右後魏高祖太和五銖錢北史食貨志高祖始詔天下
用錢十九年公鑄粗備文曰太和五銖

五
銖

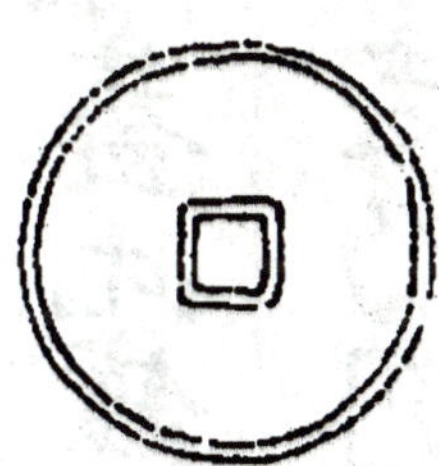

右孝莊帝永安五銖錢按通考孝莊帝初私鑄者益更薄小從秘書郎楊侃議乃鑄五銖錢文曰永安五銖官自立罏亦聽人就鑄又隋書食貨志齊神武霸政之初承魏猶用永安五銖蓋此錢行用頗久故董逌又謂為北齊永安五銖而洪志乃别繫於東魏之末其實非二種也

五
銖

右永安土字錢有四出文洪志面文永安五銖幕文土字乃後魏所鑄

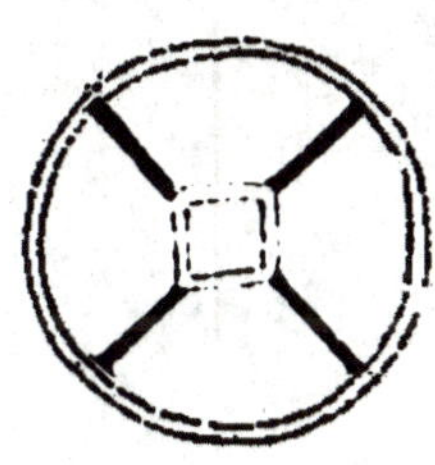

右永安錢四出文同前無土字洪志引三國典畧云是
令公百鑪錢未可爲據今附於土字錢之後

常平五銖

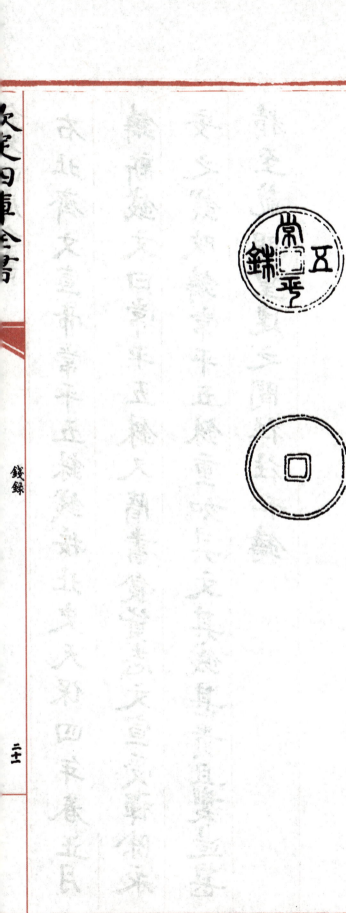

右北齊文宣帝常平五銖錢按北史天保四年春正月鑄新錢文曰常平五銖又隋書食貨志文宣受禪除永安之錢改鑄常平五銖重如其文其錢甚貴且製造甚精至乾明皇建之間往往私鑄

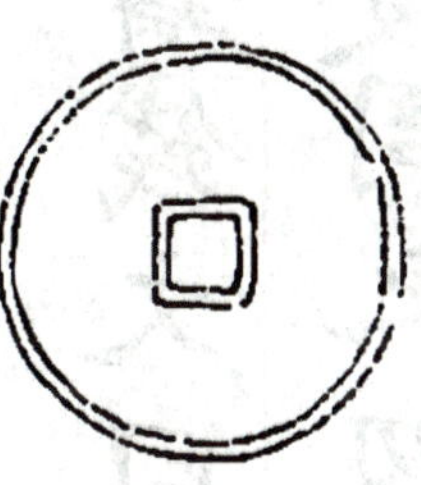

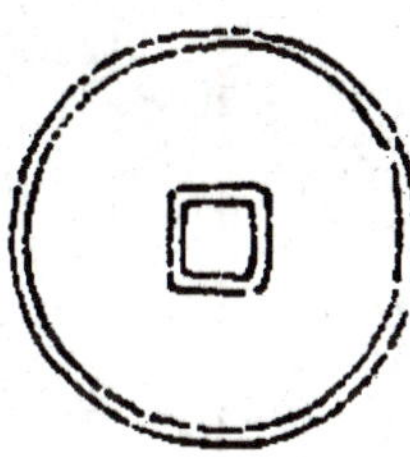

右後周武帝布泉二種篆各不同按後周書武帝紀保定元年秋七月更鑄錢文曰布泉以一當五與五銖並行又隋書食貨志後周之初尚用魏錢及武帝保定元年乃更鑄布泉之錢

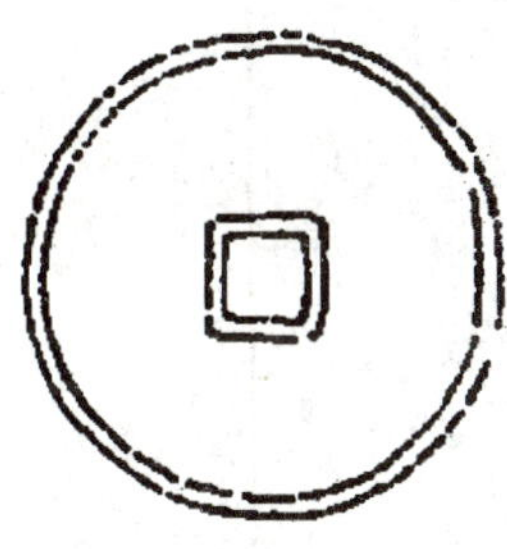

右武帝五行大布錢本紀及隋志並稱建德三年六月更鑄五行大布錢以一當十今按大字據篆法乃泉字殊不可曉

行
通
萬
國

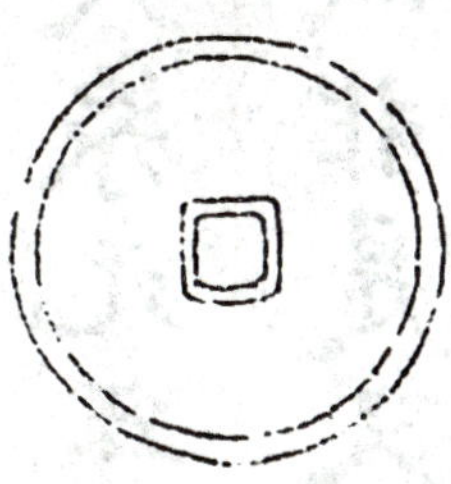

右宣帝永通萬國錢本紀及隋志並稱大象元年鑄以一當十通考謂大成元年又鑄永通萬國錢以一當千與五行大布五銖三品並用今按宣帝大成元年二月辛巳改大成元年為大象元年此錢為十一月所鑄自應稱大象通考稱大成非是又千字亦十字之誤

右一品篆文甚古異面文貨字鐘鼎篆背文可識者明字萬字餘黯蝕莫能辨以其面文同前附録於此

錢録卷六

欽定四庫全書

錢録卷七

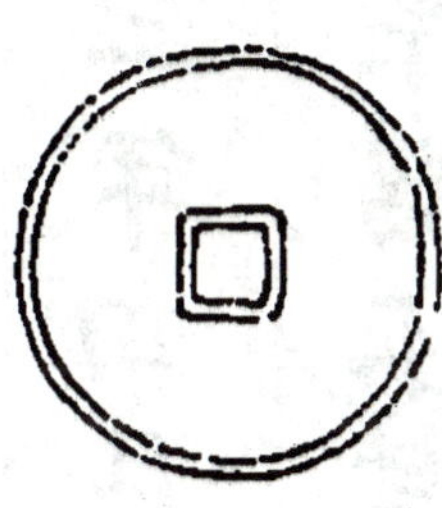

右隋文帝五銖白錢本紀開皇五年行五銖錢而隋書食貨志言高祖既受周禪以天下錢貨輕重不等乃更鑄新錢背面肉好皆有周郭文曰五銖重如其文每錢一千重四斤二兩三年四月詔四面諸關各付百錢爲樣四年嚴舊錢之禁詔不禁者縣令奪半年禄五年詔又嚴其制自是錢貨始一所在流布則此錢爲五年以前所鑄本紀所稱葢止就五年詔書言之非始鑄也

又通考謂後魏食貨志齊文襄令錢一文重五銖者聽

入市用計一百錢重一斤四兩二十銖則一千錢當重十斤以上而隋代五銖錢一千重四斤二兩當是大小稱之差據此則隋代乃以三斤為一斤也又隋志謂是時見用之錢皆須和以錫鑞云云故唐書謂隋行五銖白錢緣錫鑞和鑄故錢色白人遂謂白錢耳今雖歲久晦蝕其白處猶可見

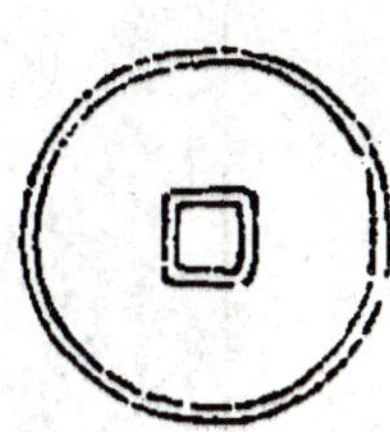

右一品差輕小其五字左有豎文與他品異洪志引舊譜謂五字右邊傍好有一畫餘三面無郭者也舊譜右字當作左今仍原文後開通諸錢仿此

右五銖穿上横文

五銖

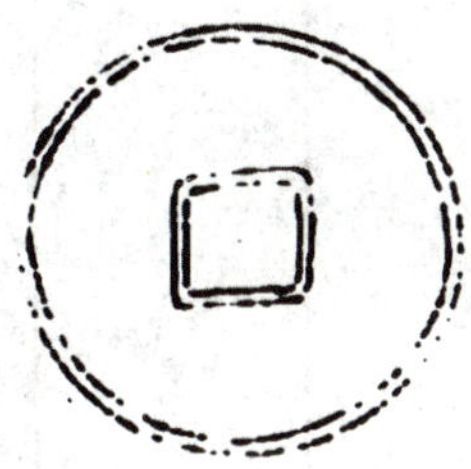

右五銖穿下横文

五銖

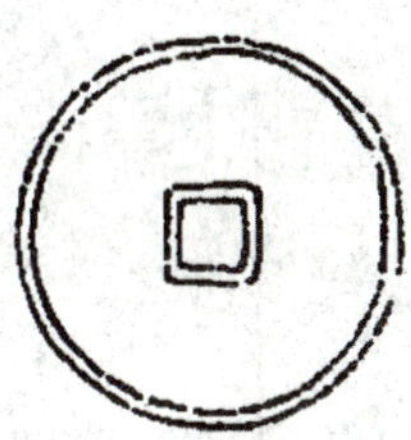

右五銖穿上一星

五
銖

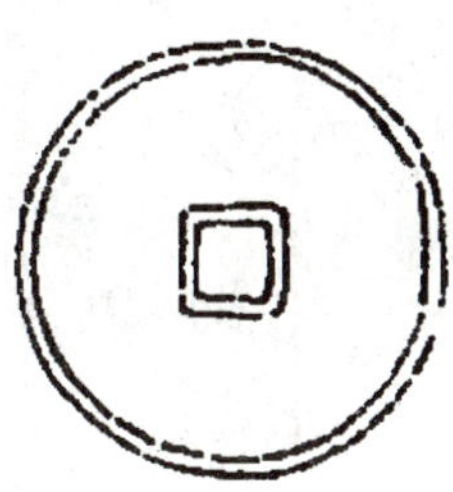

右五銖穿下一星

五銖

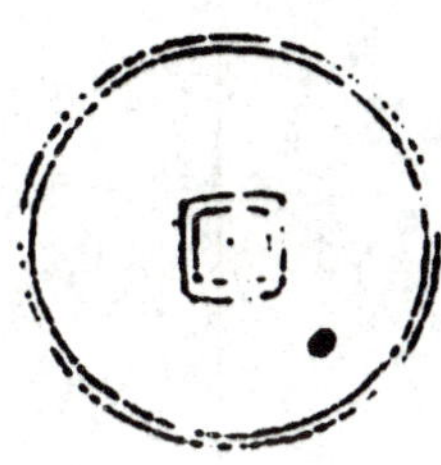

右五銖背穿下右一星

五銖

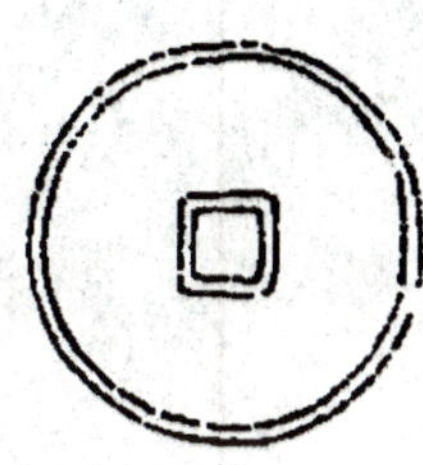

右五銖背穿下左一星

五
銖

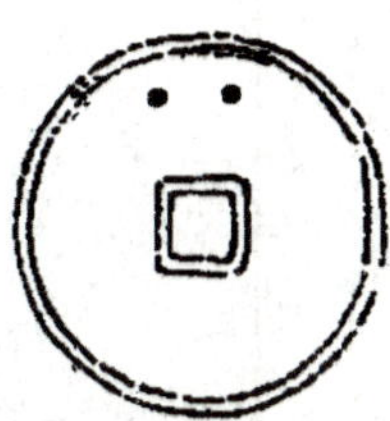

右五銖穿上二星

五銖

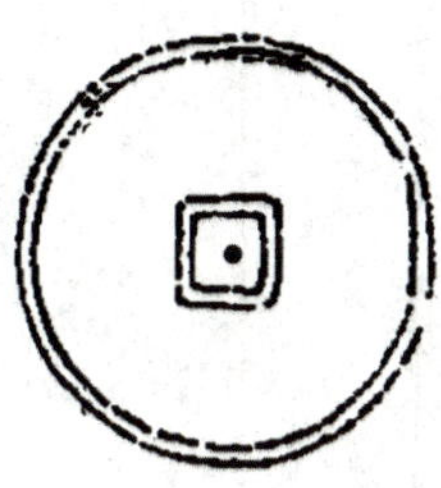

右五銖穿角三星

五
銖

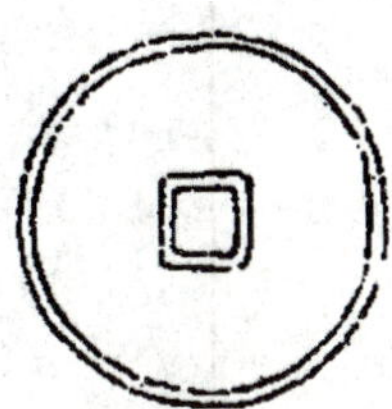

右五銖穿下三星

五銖

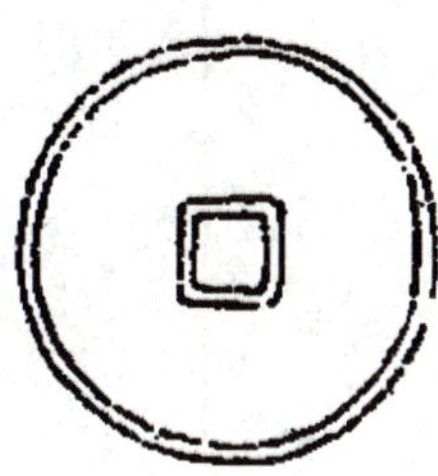

右五銖穿上四星

钱
录

古

钦定四库全书

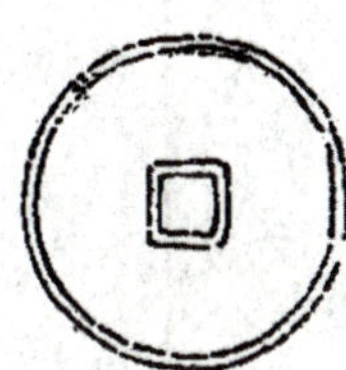

右五銖穿下四星

五銖

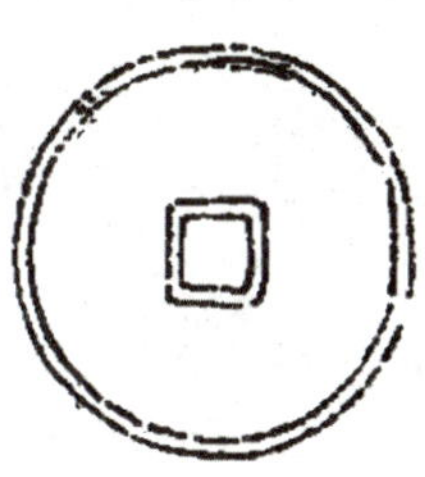

右五銖穿上二直文

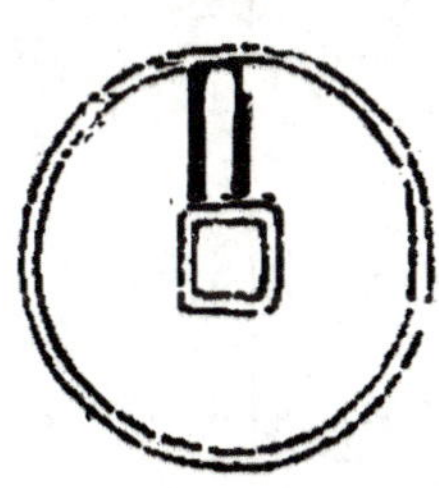

右五銖背穿上二直文

五銖

右五銖背穿下三直文又穿角一星

右五銖細緣

五銖

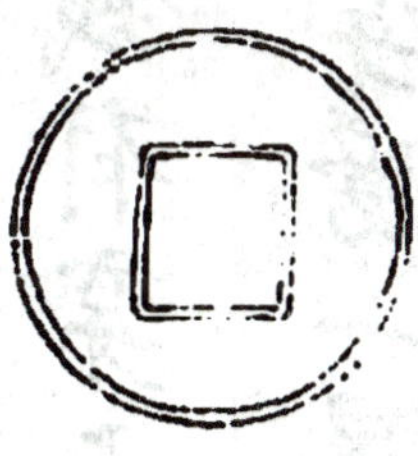

右五銖潤緣以上各種五銖計一十八品按自漢武帝造五銖錢後世形製歧出難以枚舉亦不以五銖爲準但存其名而已又況南北朝民間私鑄益盛其源流弗可探討張台曰五銖錢有穿上一星至五星穿下一星穿上下各一星漫面穿傍一星至三星五字之内上下各一星穿上横文穿下横文細緣潤緣等名今傳者尚多内府所收各録其一其間無穿上五星并上下各一星者穿下三星缺銖字四星一枚面文全蝕且微小並

録於此

平當五銖

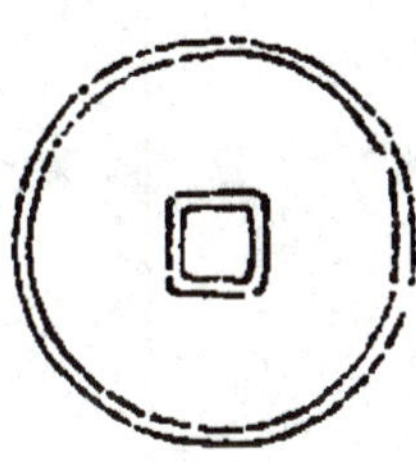

右平當五銖洪志云平當肉郭夷坦當字湮漫或曰漢代所鑄今按平當二字作直楷非漢製也

五
金

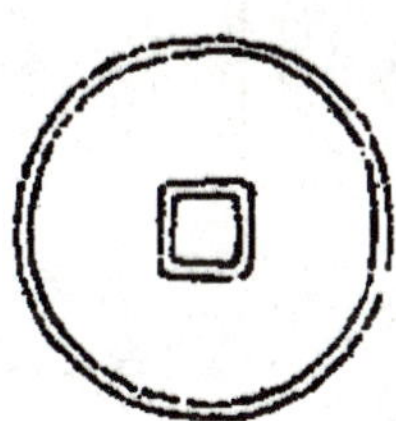

右五銖錢去朱如梁初所行五朱去金以朱為銖也洪志引徐氏説名曰五金錢非是

右小錢一品右文曰五左如王意不可曉疑亦五銖字

增減也與前品葢俱是五銖别種

五
銖

錢
中
王
心

右大錢一品洪志有之引顧烜說臺主衣庫有此錢文曰五銖七千曰中王之錢而舊譜謂五銖己千今按篆文乃十千耳至敦素云此錢最大文為錢中之王亦較顧說為勝蓋鑄錢者偶為之今鑪工凡新開鑄必先造一二枚大者名母錢意即此類又按顧烜乃唐人其時已有此錢則當是六代前製也

五
銖

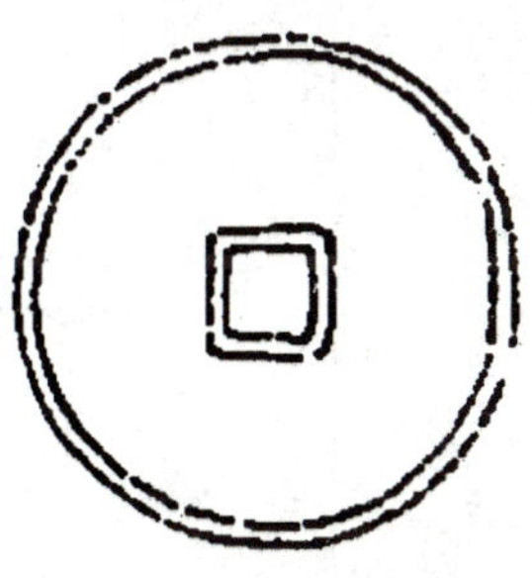

右五銖大泉亦顧烜譜異錢七種之一

兩銖

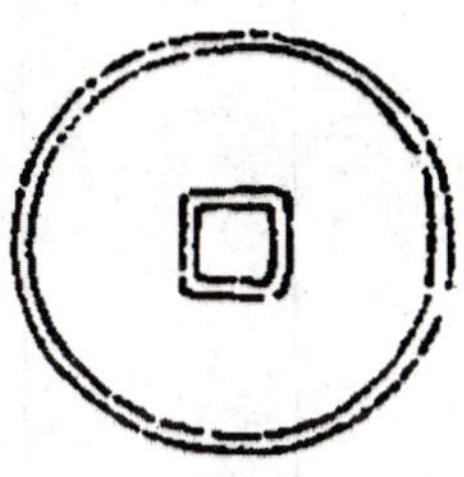

右兩銖顧烜曰劉氏錢志所載異錢之一

續
銖

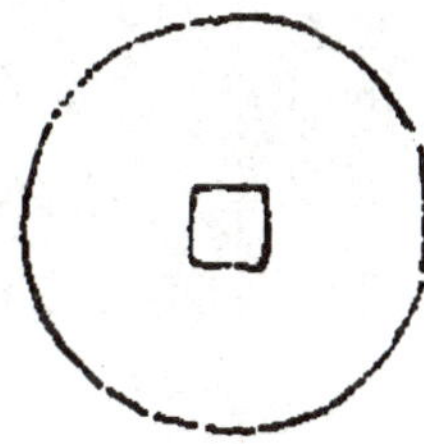

右續銖洪志云形制頗類五銖面無好郭其文右曰續左曰銖今按面文好郭全惟漫平應云漫無好郭也

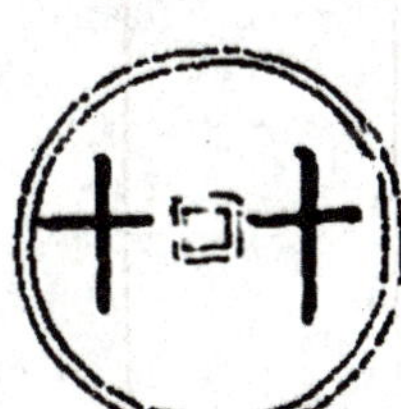

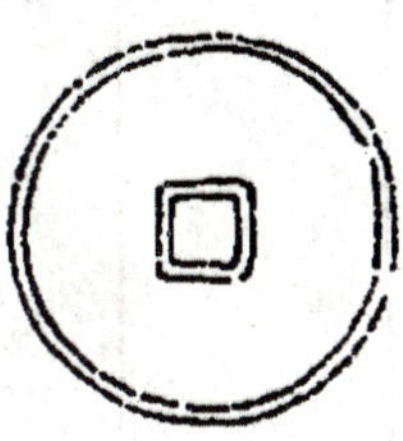

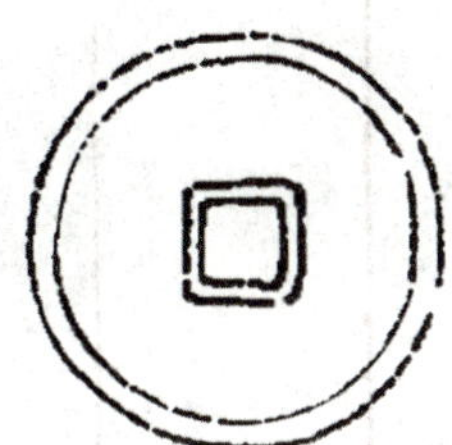

右二種曰雙五曰雙十並見顧烜譜

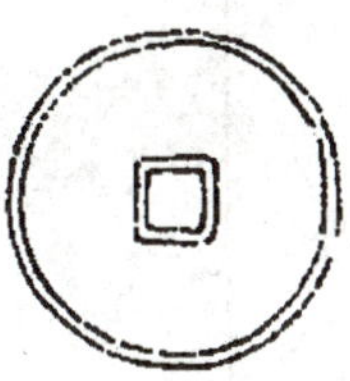

右一種作五字凡四董逌謂之四五錢皆五銖之變文也附於五銖諸品之末

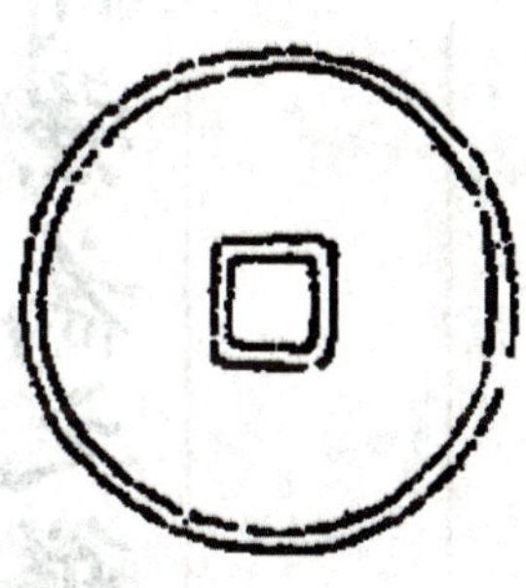

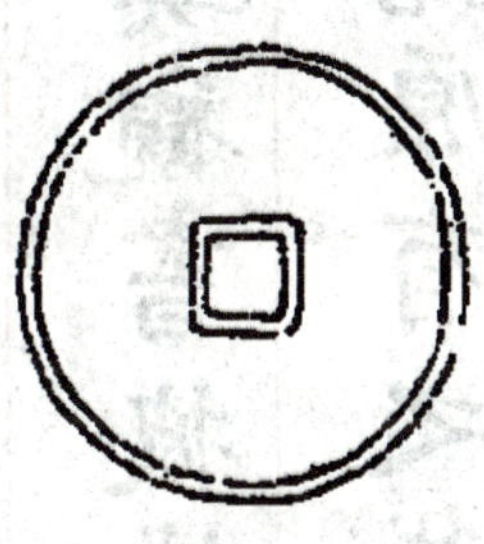

右二品洪志俱名曰兩畱錢董逌曰考字書無畱字又不與篆合乃引釋真觀書披緇剪髪謂自梵書中出今按畱字漢甘泉鐙銘原有之然畱字則又未可並讀作畱矣至梵書繙字與錢文無涉董説附會蓋好奇之過意此二品皆左文讀與半兩錢類曰𠦒兩𠦒兩者如前品續銖此等固不得強為之解矣

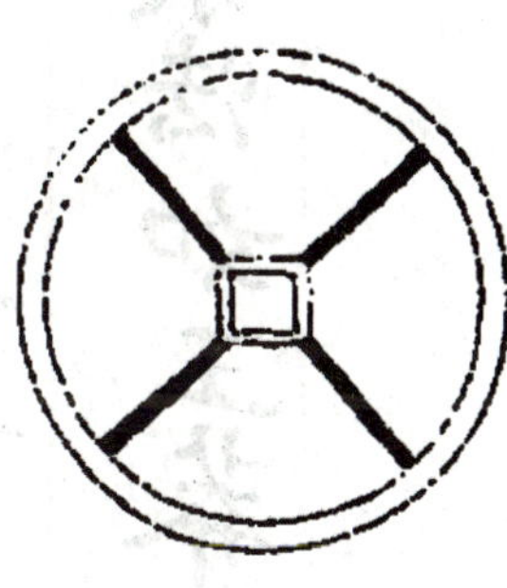

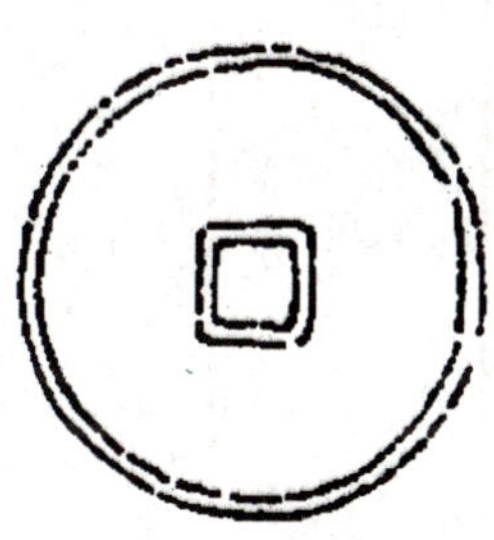

右大泉二品其一泉字居右曰大泉二十後一品泉字居下曰大泉五十篆法如王莽大泉而面背俱作四出文

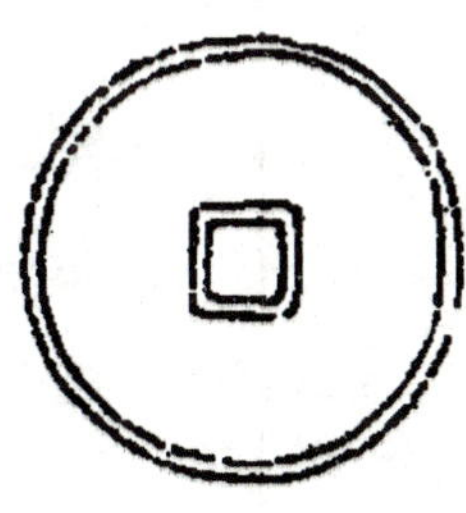

右一品右曰文左一字不可識穿角作曲文如四出

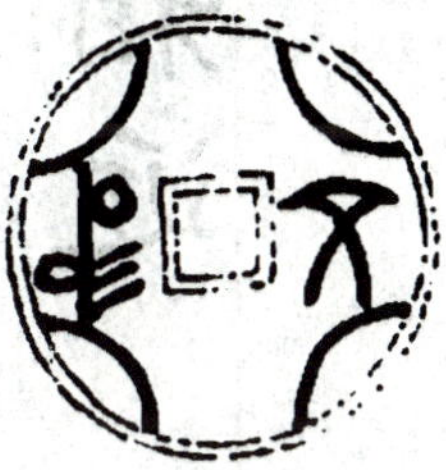

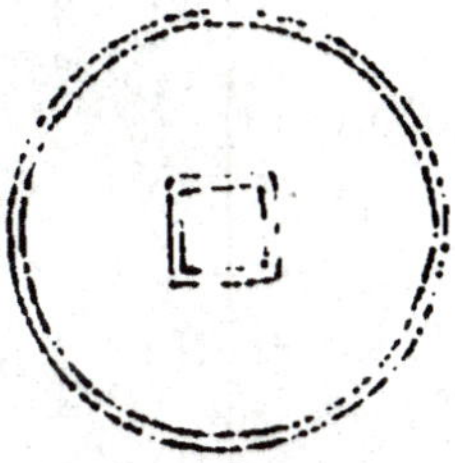

右通行泉寶其漫有仰月形亦洪志所有今按錢文繫寶字始於周景王寶貨後王莽襲用之至唐以後乃槩稱寶如通寶元寶是也此錢文曰寶又仰月形亦與唐鑄相近

欽定四庫全書

錢録卷八

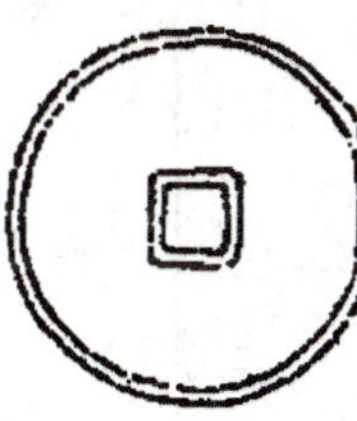

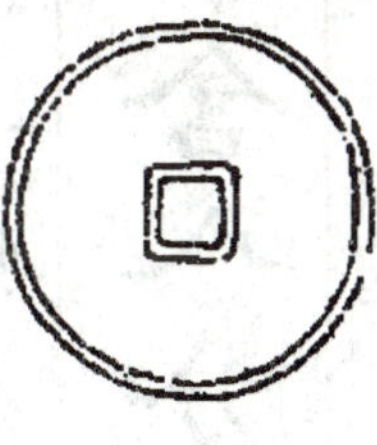

右唐高祖開元通寳錢按舊唐書髙祖即位仍用隋五銖錢武德四年七月廢五銖錢行開元通寳錢給事中歐陽詢制詞及書其字含八分及隸體其詞先上後下次左後右讀之自上及左迴環讀之亦通流俗謂之開通元寳錢

開元通寶

右開元錢左挑文

開元通寶

右開元錢穿上仰月文

開元通寶

右開元錢穿上偃月文

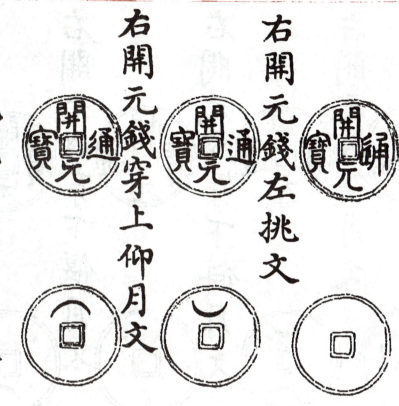

右開元錢穿下偃月文

右開元錢穿下斜月文

右開元錢雙月文

右開元錢穿右立文以上凡七種舊譜統謂之甲文錢談賓錄云初進蠟様日文德皇后掐一甲跡故錢上有掐文李孝美曰此錢元字次畫端或有挑向左者世謂之左挑俗甚愛重背文亦有兩甲痕者今按新舊唐書並云置錢監於洛幷幽益等州又賜秦王齊王三鑪右僕射裴寂一鑪以鑄又五年五月又於桂州置監則此背文各種意鑄錢者私為標識以別之耳不盡如前人所云也即内府所收各録其一以資攷右者觀覽焉

乾
封
泉
寶

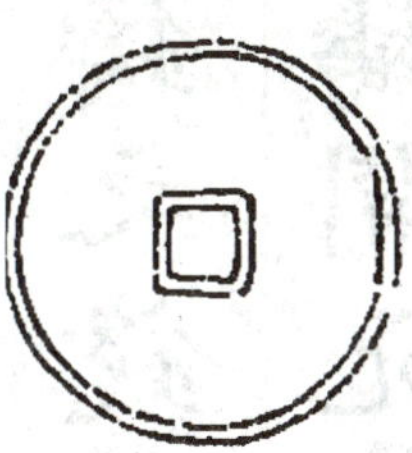

右高宗乾封錢舊唐書乾封元年封嶽之後又改造新錢文曰乾封泉寶乾字直上封字在左時新錢一文當舊錢之十周年之後舊錢並廢其後以商賈不行米帛踊貴復下詔乾封新鑄之錢令所司貯納更不須鑄仍令天下置鑪之處並鑄開元通寶錢

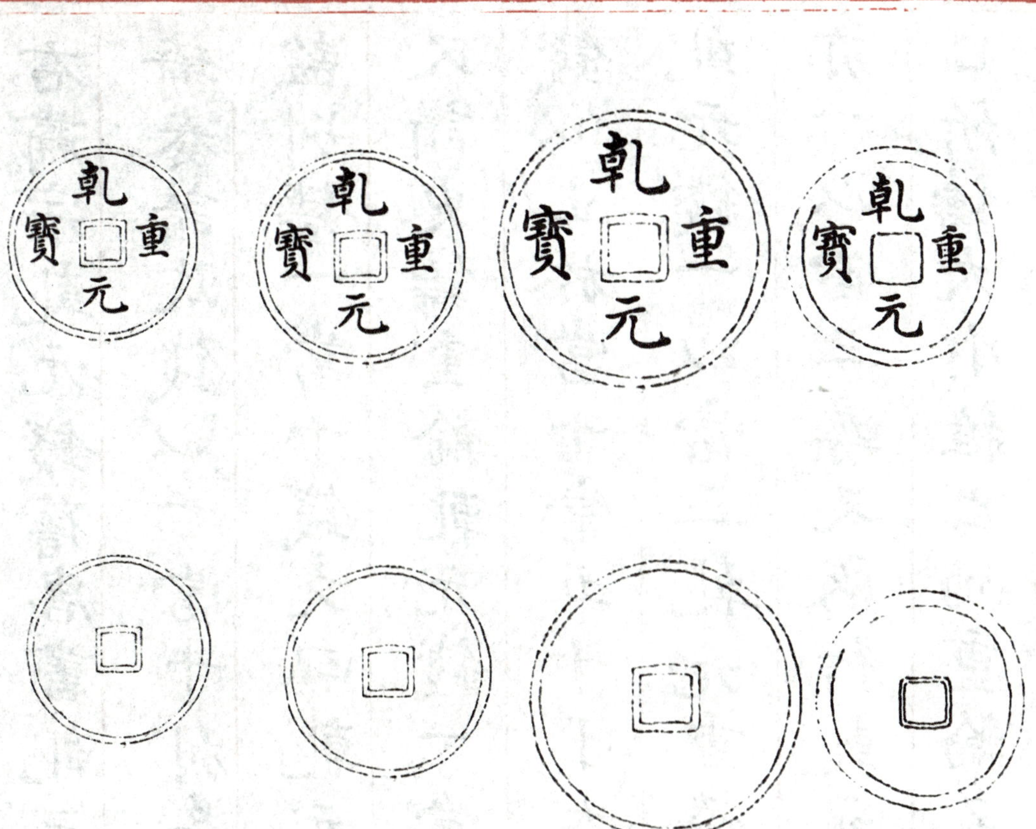
乾元重寶
乾元重寶
乾元重寶
乾元重寶

右肅宗乾元錢舊唐書乾元元年詔曰御史中丞第五琦奏請改錢以一當十别為新鑄不廢舊錢宜聽於諸監别鑄一當十錢文曰乾元重寶二年三月琦為相時又請更鑄重輪乾元錢一當五十詔從之按此則乾元錢似止於當十當五十小大二種然攷寳應元年改行乾元錢一以當三乾元重棱小錢一以當二重棱大錢亦一以當三尋又改行乾元大小錢並以一當一則當日所鑄大小雜出而重輪又名重棱且非獨大錢名重

輪明矣今所收約有四等並録之

大歷元寶

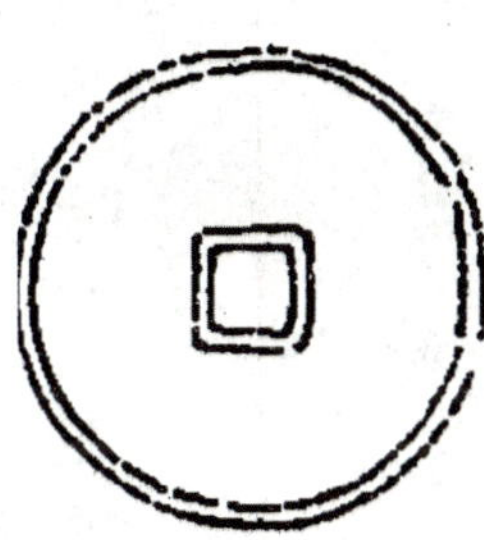

右代宗大歷錢按大歷四年正月於絳州汾陽銅原兩監增置五鑪鑄錢亦從第五琦請也

建中通寶

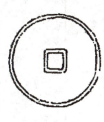

右德宗建中錢先是江淮錢監歲鑄錢輸京師而工用轉送之費每貫至二千於是户部侍郎韓洄言商州紅崖冶銅多請復洛源廢監起十鑪鑄錢每千錢費九百德宗從之見舊唐書

開
元
通
寶

開
元
通
寶

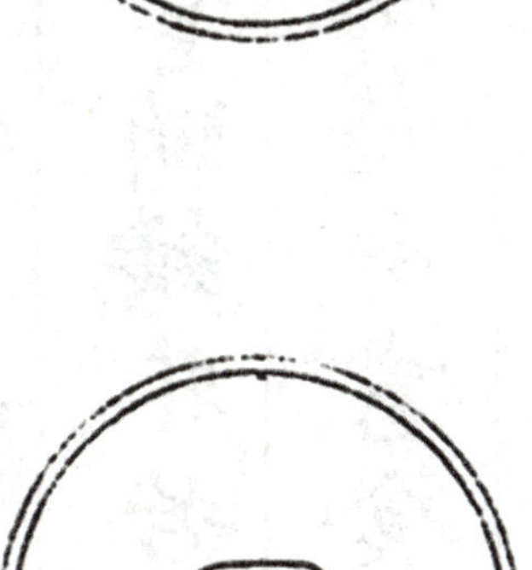

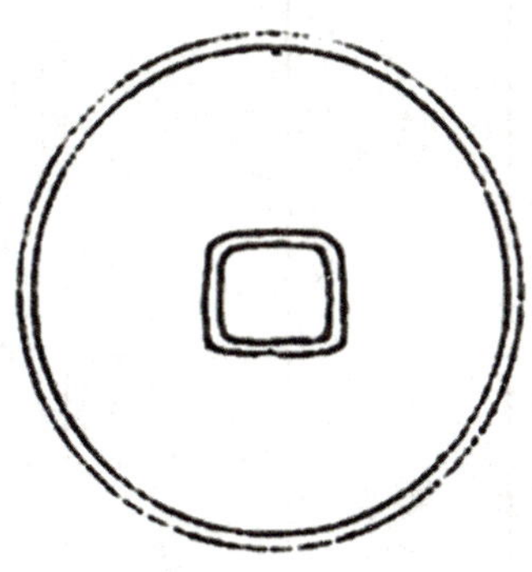

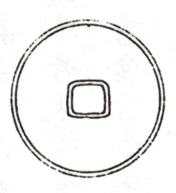

右德宗開元大錢二種前一品濶緣者差小按開元錢終唐之世未嘗斷鑄非若宋以後專用年號繫錢終代則須别鑄也據舊唐書食貨志建中初判度支趙賛採連州白銅鑄大錢一當十以權輕重亦未言錢文若何然開元不聞有别種大錢則是時所鑄無疑耳

開元通寶

開元通寶

開元通寶

開元通寶

楊

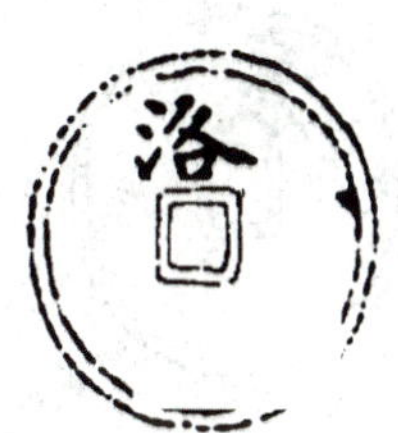
洛

京

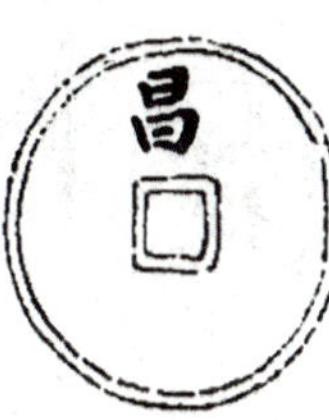
昌

開元通寶

開元通寶

開元通寶

開元通寶

越

荆

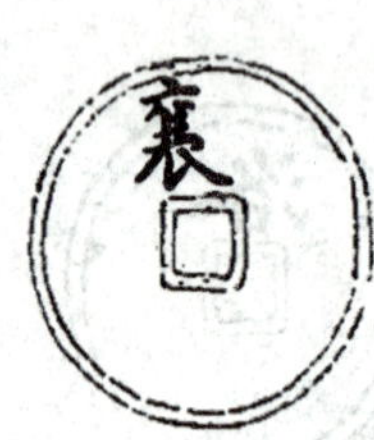
襄

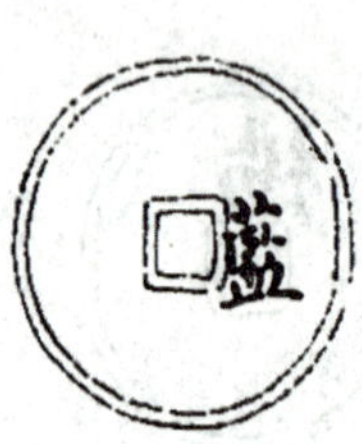
藍

開
通
寶
元

開
通
寶
元

開
通
寶
元

開
通
寶
元

兖

潭

洪

宣

開元通寶

開元通寶

開元通寶

開元通寶

興

平

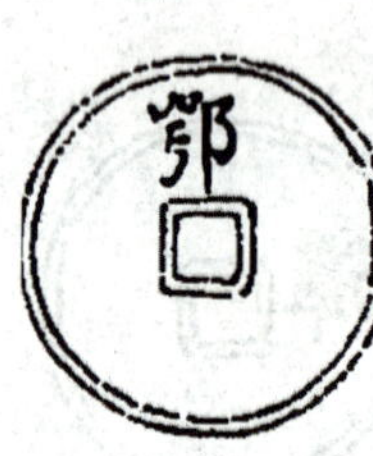
鄂

潤

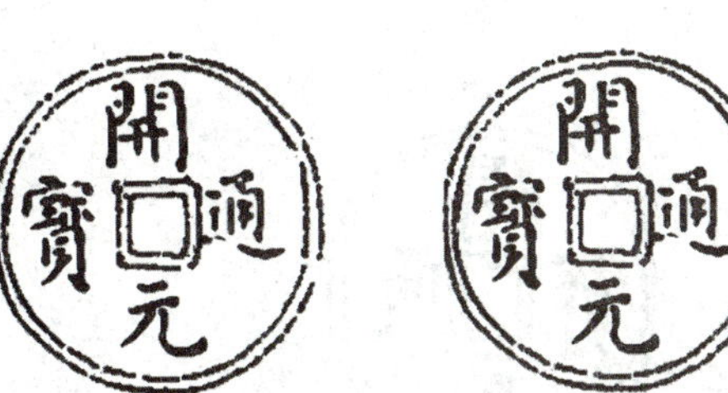
開元通寶
開元通寶

開元通寶

開元通寶

益

梓

廣

梁

開
元
通
寳

開
元
通
寳

開
元
通
寳

桂

丹

福

右武宗會昌開元錢二十三品新唐書食貨志武宗廢浮屠法永平監官請以銅像鐘磬鑪鐸皆歸巡院州縣銅益多鹽鐵使以工有常力不足以加鑄許諸道觀察使皆得置錢坊淮南節度使李紳請天下以州名鑄錢京師為京錢大小徑寸如開元通寶交易禁用舊錢令者背文昌字則李紳所進新錢以表年號者也京字則京兆府洛字則洛陽楊字則揚州舊譜謂改以楊字者藍田縣以藍字襄州以襄字江陵府以荊字越州以越字

宣州以宣字江西以洪字湖南以潭字兖州以兖字浙西以潤字鄂州以鄂字平州以平字興元府以興字梁州以梁字廣州以廣字東川以梓字西川以益字福州以福字丹州以丹字桂陽以桂字又李孝美謂楊字錢終莫之見遂疑當時已行昌字而未嘗改今則實有此錢臚列可攷也

咸
通
玄
寶

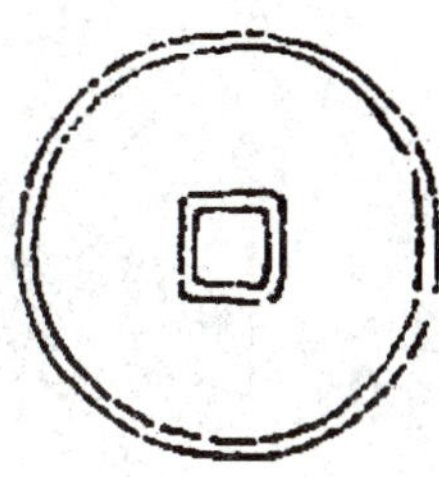

右懿宗咸通錢文曰玄寶與他種異洪志引舊譜曰唐咸通十一年桂陽監鑄錢官王彤進新鑄錢文曰咸通玄寶尋有勅停廢不行

天
通
佑
寶

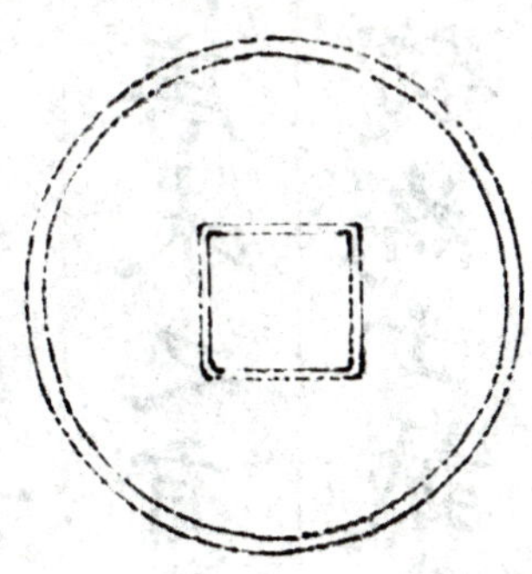

右天佑錢按昭宗天復四年辛酉八月子柷立改元天佑是為哀宗立四年唐亡不聞有鑄錢事後唐莊宗仍用天佑年號至癸未始改元同光然亦未嘗聞鑄且以一當幾見於背文者在唐末之有改元至正時張士誠據吳改元天祐或疑此錢為士誠造顧佑字非祐不敢臆斷也今録於李唐之末還以錢文為据耳

得
壹
元
寶

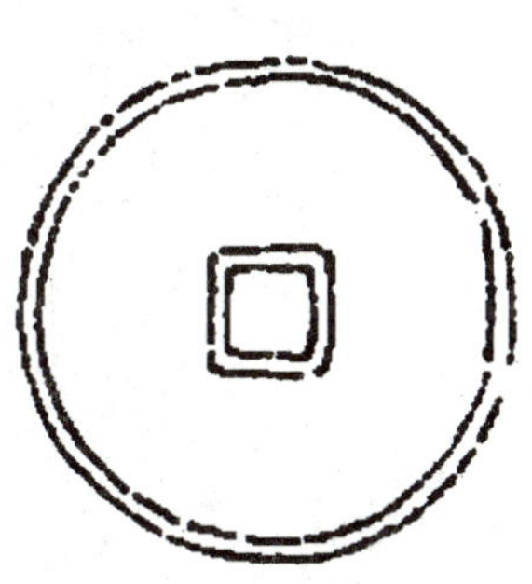

右史思明得壹錢按新唐書思明據東都日亦鑄得壹元寶錢以一當開元通寶之百

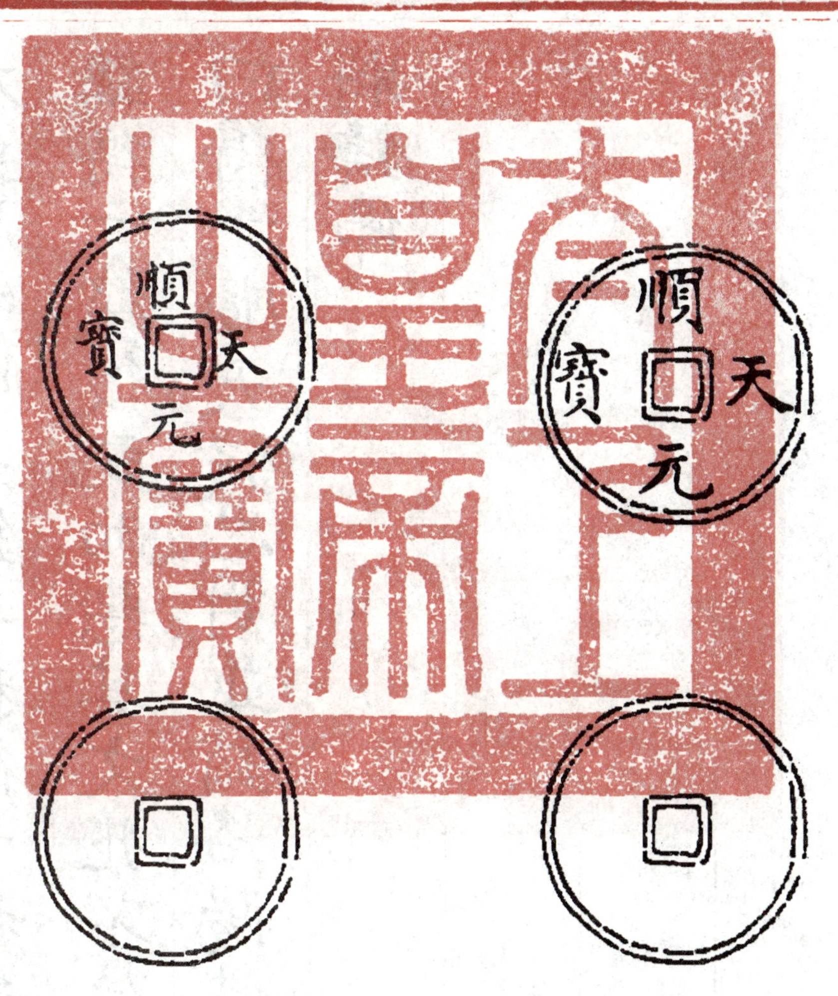
順天元寶
順天元寶

右史思明順天錢二種後一種背文有仰月形按思明鑄得一錢後既而惡其文兆不佳改曰順天元寶張台曰得一順天錢思明並銷洛陽佛銅所鑄賊平之後還將鑄佛

欽定四庫全書

錢録卷九

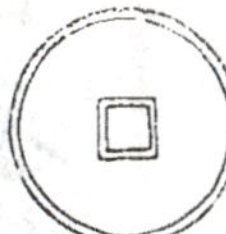

右後五代後唐明宗天成錢按同光四年丙戌明宗即位改元天成禁鎔錢為器二年令買賣使入十陌錢四年禁行使鐵鑞錢庚寅改元長興則此錢當是長興前所鑄而五代史後唐紀皆未載

天
福
元
寶

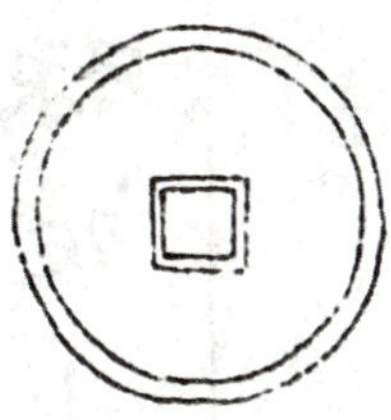

右後晉高祖天福錢按五代史天福三年除鑄錢令又勑曰國家所資泉貨為重宜令三京鄴都諸道州府曉示無問公私應有銅者並許鑄錢仍以天福元寶為文左環讀之鹽鐵司鑄樣頒下諸道

天
福
鎮
寶

黎

右天福錢自上及下讀之曰鎮寶者葢如通寶重寶之變易其文而李孝美讀作天鎮竊恐不然董逌曰天福鎮寶錢文斯得之矣然云見晉氏舊史今不可考背文黎字意所鑄之地也

漢
通
元
寶

右後漢漢元錢按後漢高祖劉知遠於天福十二年丁未稱帝不改元未聞有鑄錢之令戊申隱帝立改元乾祐膳部郎中羅中引請在京置監鑄錢俾銅盡為錢以濟軍用疏奏不報則隱帝亦未嘗鑄錢也然此錢文曰漢元通寶意與後周周元宋初宋元同特未知鑄於何歲時耳洪志讀作漢通元寶非是又背有仰月文彷開元制也

周元通寶

周元通寶

周元通寶

周元通寶

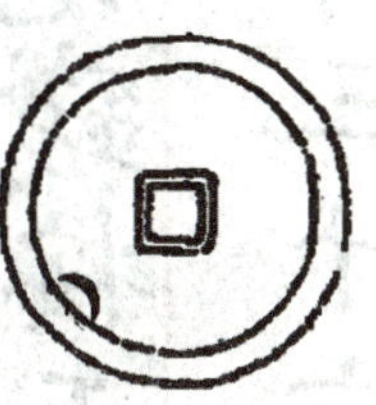
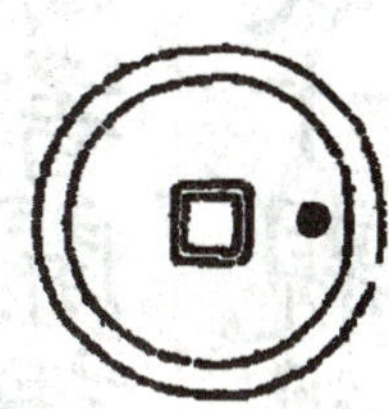
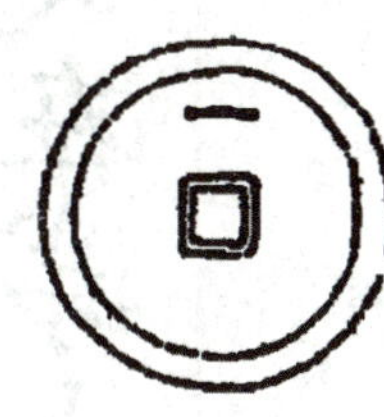
一
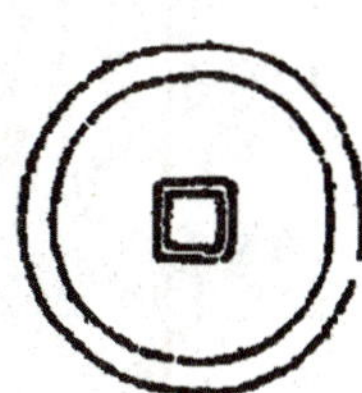

右後周世宗周元錢按五代史世宗即位之明年廢天下佛寺三千三百三十六是時國中乏錢乃詔毀銅佛鑄錢又洪志引蘇耆開譚録謂世宗朝鑄周通元寶錢於後殿設巨鑪數十親視鼓鑄今按此錢凡四種一其幕無文一為横文在穿上一為星文在穿右一為仰月文在穿左角

永
通
泉
貨

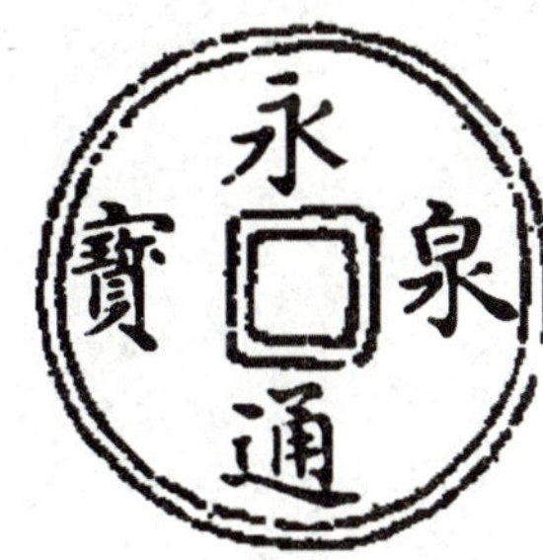
永
通
泉
寶

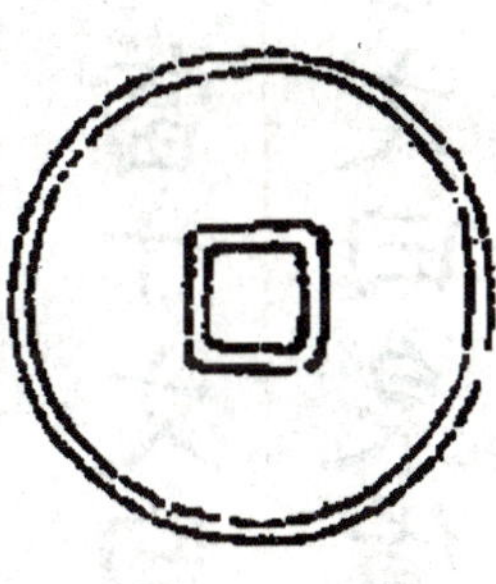

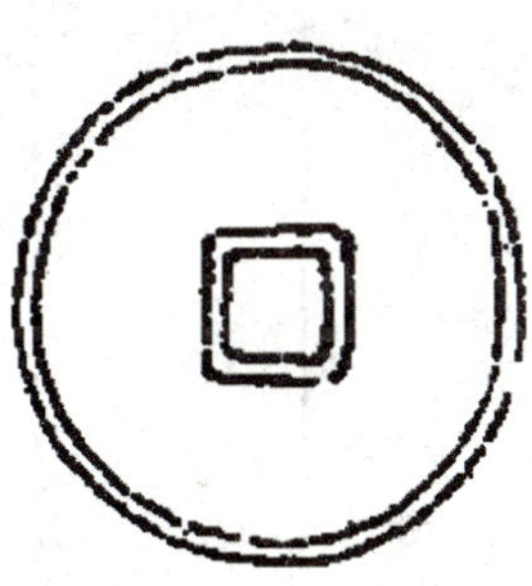

右南唐𤣥宗永通錢按通考李璟既失江北困於用兵鍾謨請鑄大錢以一當十文曰永通泉寶今前一種是也後一種差小篆書文曰泉貨

開
通
元
寶

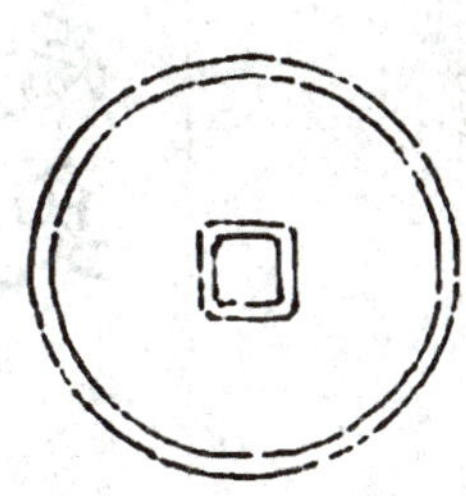

右玄宗開元鐵錢按鍾謨既得罪韓熙載又請鑄鐵錢以一當二陶岳貨志録玄宗時以鐵為錢大小一如開元通寳文亦如之徐鉉篆其文比於舊錢輪郭深濶既而是錢大行公私以為更

唐國通寶

唐國通寶

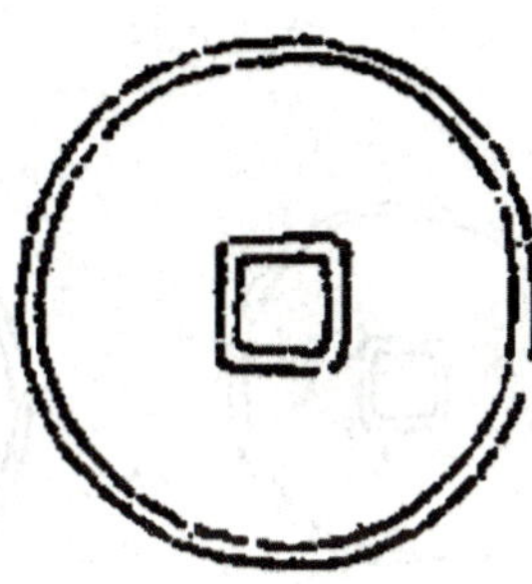

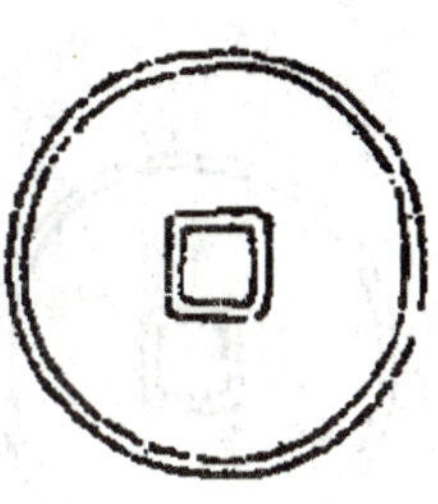

唐國通寶

唐國通寶

唐國通寶

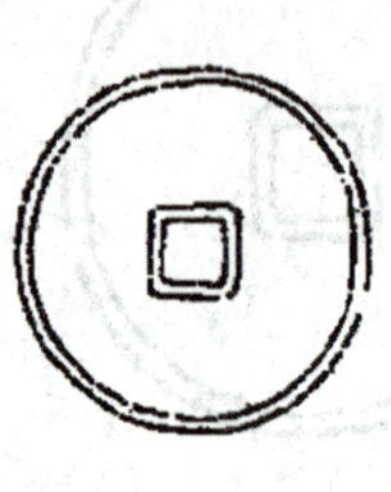

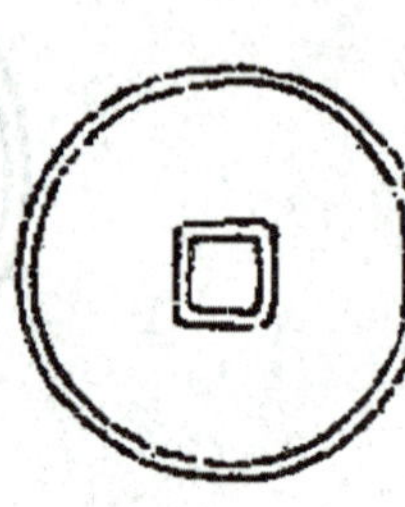

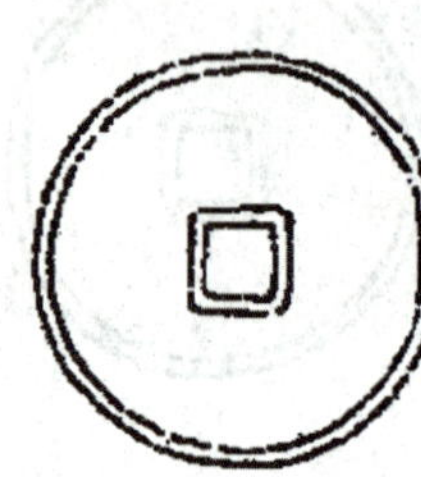

右玄宗唐國錢大小凡五按通考五代相承用唐錢諸
國割據者江南曰唐國通寶又别鑄如唐制而篆文

大
唐
通
寶

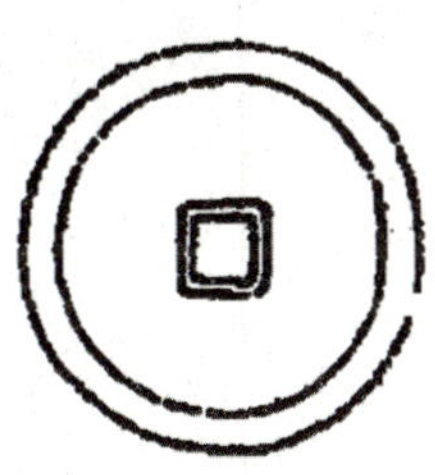

右玄宗大唐錢馬令南唐書玄宗鑄大唐通寳錢與唐
國錢通用

光天元寶

天漢元寶

通正元寶

永平元寶

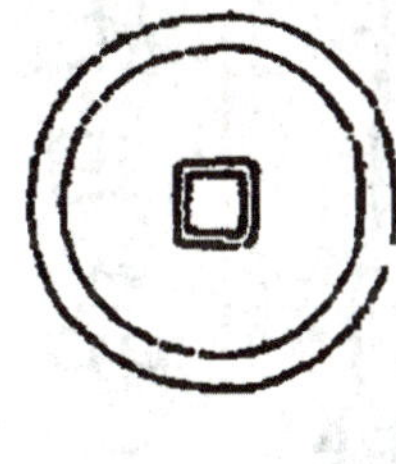

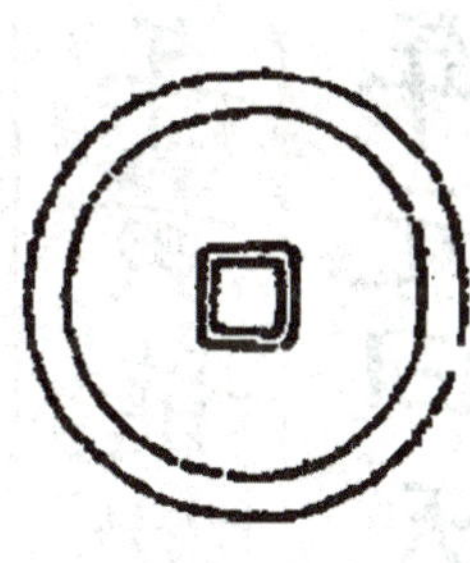

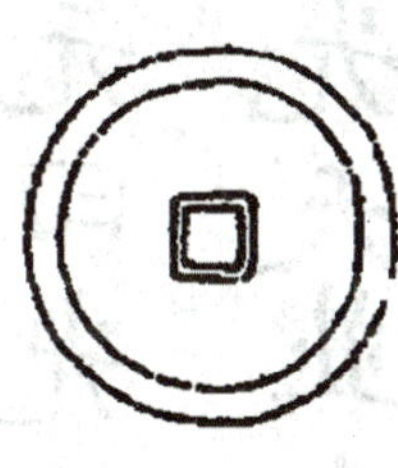

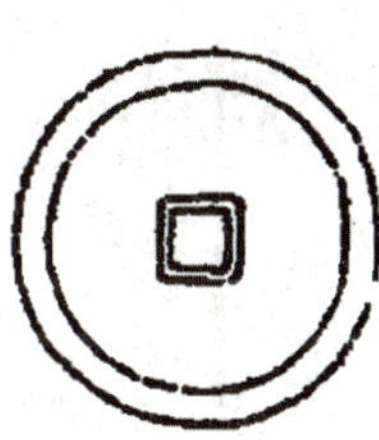

右前蜀高祖王建錢凡四品五代史蜀世家武成三年八月有龍見洵陽水中十月麟見辟州十二月大赦改明年為永平元年六年黄龍見大昌池十月大赦改元通正十二月又改明年元曰天漢國號漢天漢元年十二月大赦又改明年元曰光天復國號蜀此錢文曰永平曰通正曰天漢曰光天並自上及右讀之

咸
康
元
寶

乹
德
元
寶

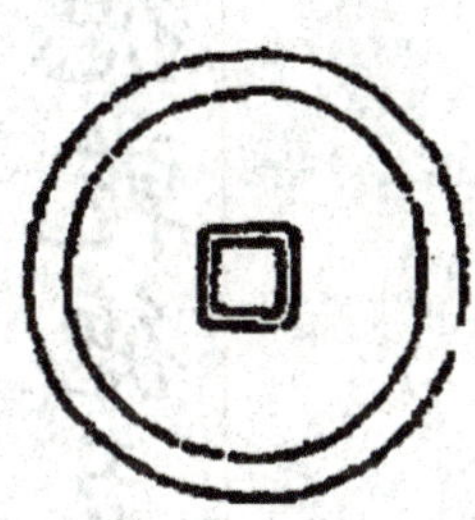

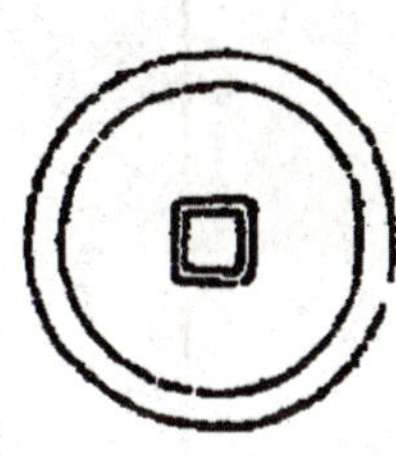

右後主衍錢乹德咸康二品按光天元年六月建卒子衍立明年改元乾德乾德五年改元曰咸康

廣政通寶

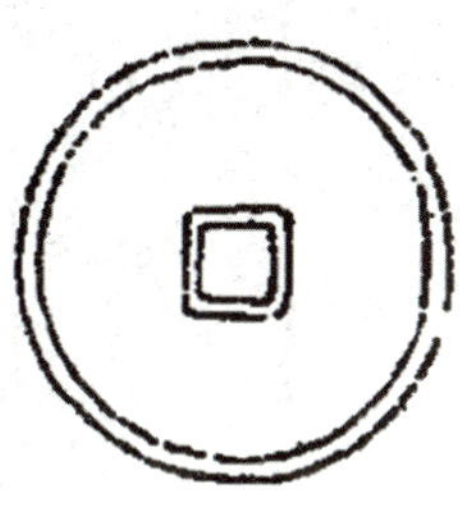

右後蜀主孟昶廣政錢按孟知祥明德元年卒子昶立不改元仍稱明德至五年改元廣政十國紀年謂四年改元者謬也

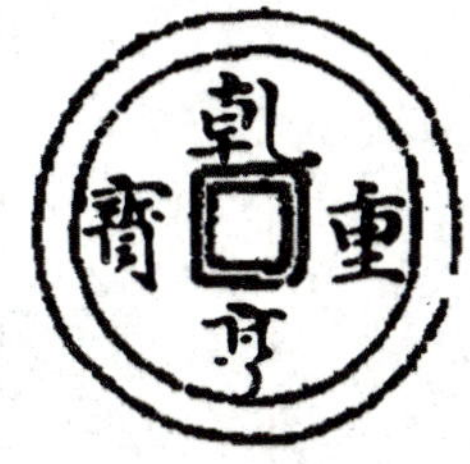
乾
重
亨
寶

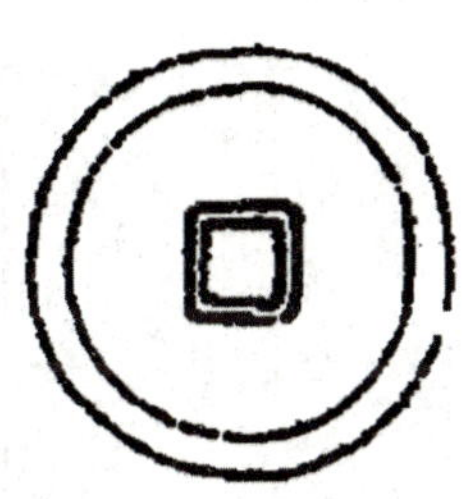

右南漢高祖劉龑乾亨錢梁貞明三年龑即位國號大越改元曰乾亨

乾亨重寶

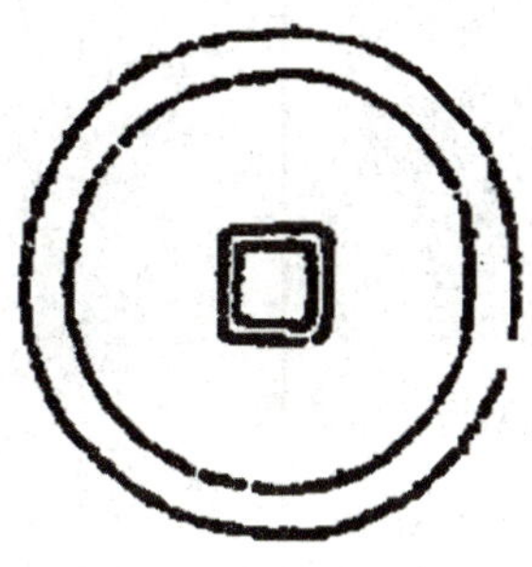

乾亨重寶

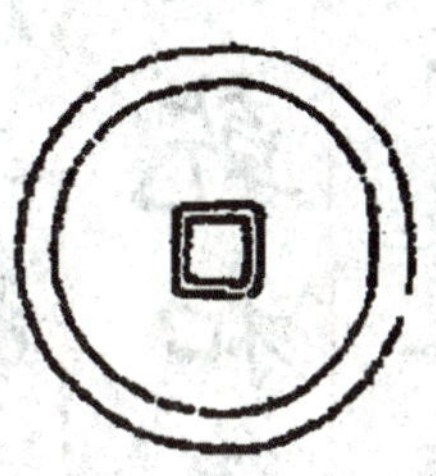

右乾亨鉛錢大小二種十國紀年劉龑以國用不足鑄鉛錢十當銅錢一乾和後多聚銅錢惟外城得用之城内專用鉛錢禁其出入俸禄非特恩不給銅錢今按龑子晟應乾元年又改元乾和

天
策
府
寶

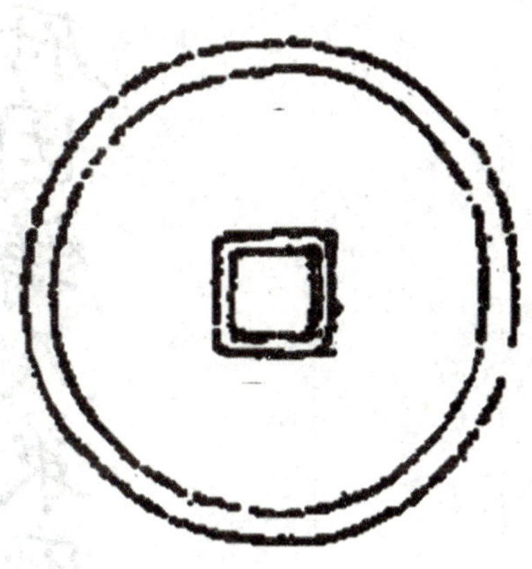

右楚馬殷天策大錢五代史殷請於梁依唐太宗故事開天策府置官屬太祖拜殷天策上將軍董逌曰馬殷據湖南八州地建天策府因鑄天策府寶

乾
封
泉
寶

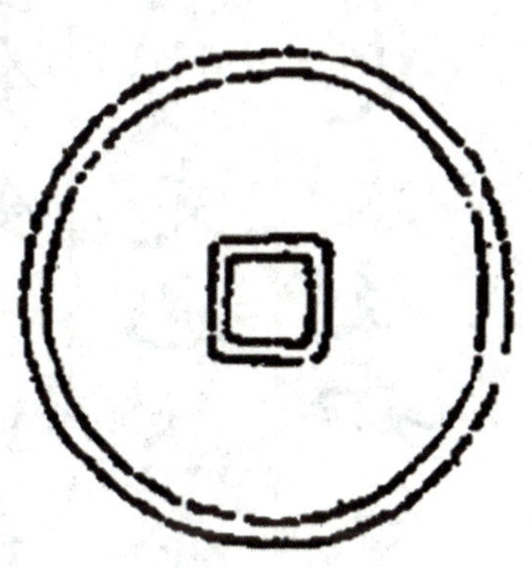

右馬殷乾封錢按殷未嘗建號改元史稱高郁諷殷鑄鉛鐵錢以十當銅錢一亦未言錢文若何十國紀年及湖南故事皆言殷鑄鉛鐵錢文曰乾封泉寶是知此錢為殷鑄蓋襲用唐高宗錢文也然今所收乃銅質意當時原有銅鑄一種而舊史未及知又按洪志亦云以銅為之

開元通寶

右閩王審知開元大鐵錢陶岳貨泉録云王審知鑄大鐵錢濶寸餘甚麤重亦以開元通寶為文五百文為一貫俗謂之銙𨪐與銅錢並行銙𨪐葢閩語無正文也

永隆通寶

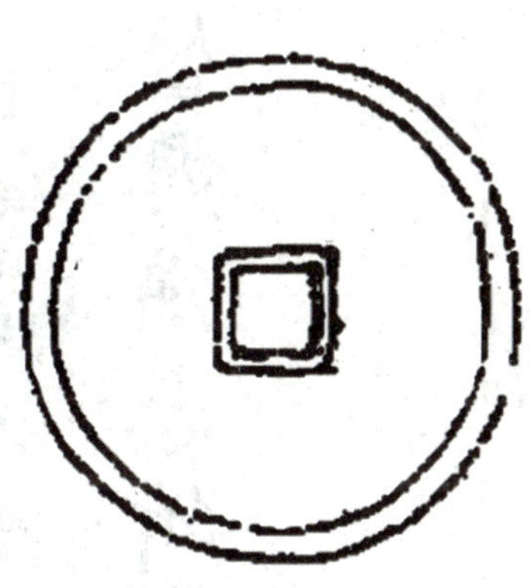

右延羲永隆錢按五代史延羲審知少子也既立更名曦改元永隆鑄大鐵錢以一當十又十國紀年亦云延羲永隆四年八月鑄永隆通寶大鐵錢一當鉛錢百俱不言銅錢今此品乃銅質與洪志所載同據錢文葢延羲鑄無疑

天德通寶

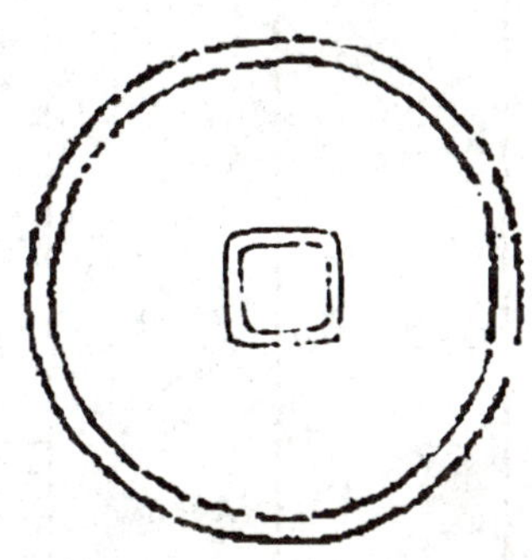

天德重寶

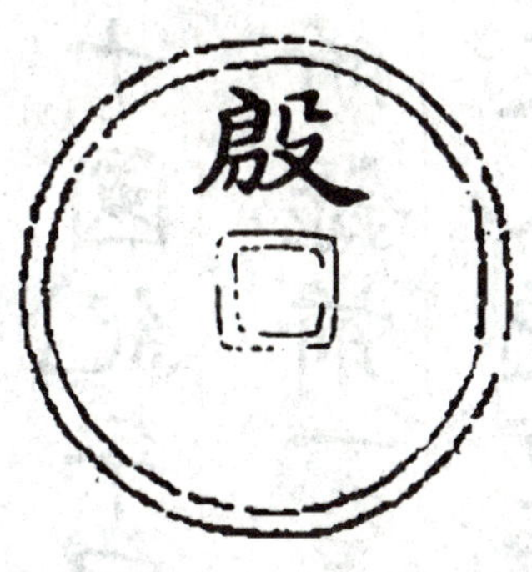
殷

右延政天德鐵錢凡二種按延政延羲弟也延政於晉天福八年改元天德十國紀年曰天德二年鑄天德通寶大錢以一當百今所録前一品是也後一種則董逌譜謂建州王氏錢面文天德重寶者也又延政據建州稱帝國號殷故背文有殷字

應
天
元
寶

万

右幽州劉守光應天錢按遼史聖宗本紀統和十四年夏四月已亥鑿大安山取劉守光所藏錢不言其形制文字也惟董逌謂文曰應天元寶背文曰万此品適合

錢錄卷九

欽定四庫全書

錢録卷十

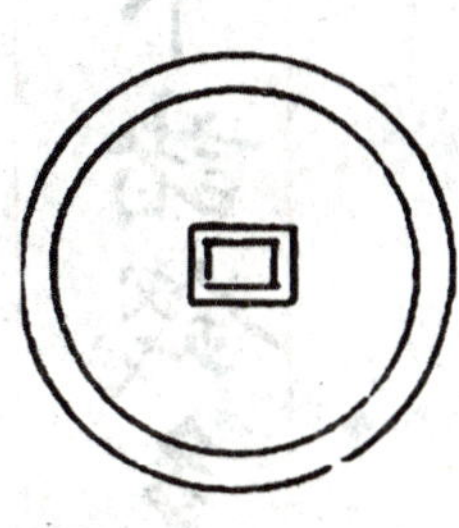

右宋太祖宋元通寶錢宋史食貨志太祖初鑄錢文曰宋通元寶今按唐鑄開元錢舊唐書言歐陽詢制詞曰開元流俗讀為開通元寶然則此錢亦當自上及下讀之而史緣淳化以下諸錢多右旋讀故併此稱為宋通元寶也

太平通寶

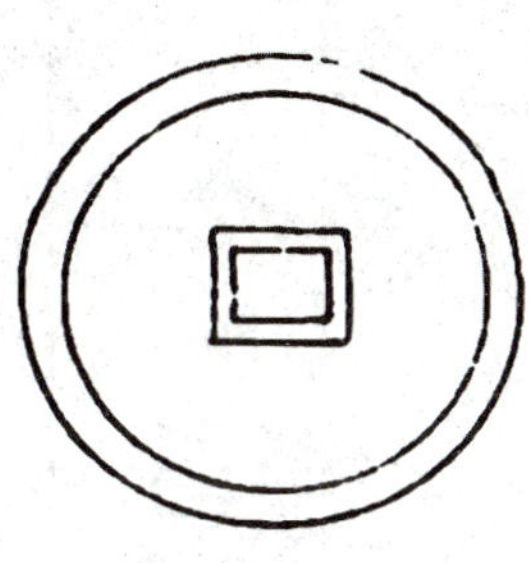

右太宗太平通寶錢按食貨志太宗改元太平興國更

鑄太平通寶錢

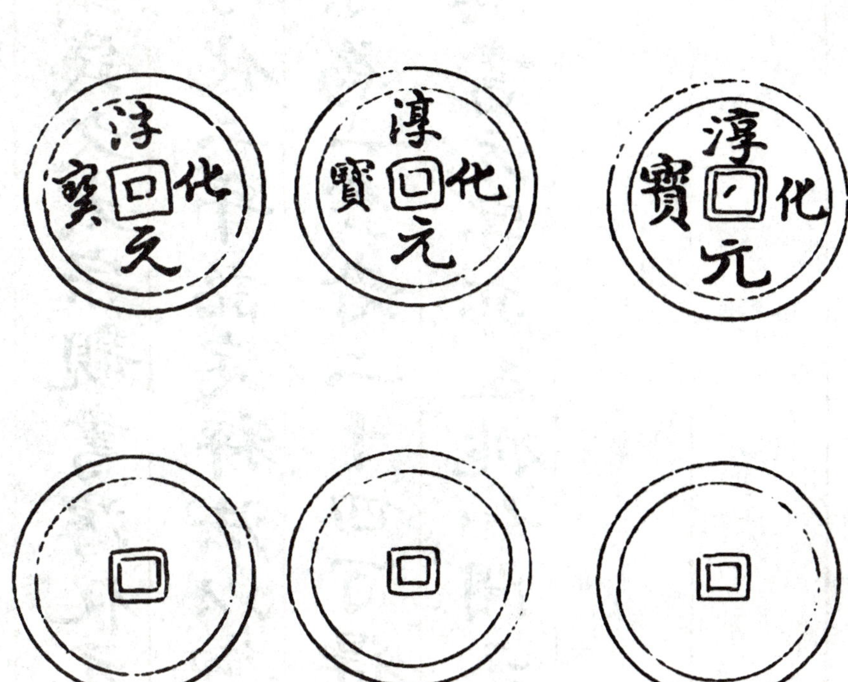
淳
化
元
寶
淳
化
元
寶
淳
化
元
寶

右太宗淳化元寳錢三體書按端拱二年改元淳化及鑄錢文太宗親書淳化元寳作真行草三體又律歴志淳化二年詔定秤法以御書三體淳化錢校實二銖四絫為一錢者二千四百得十有五斤為一秤之則又按真書元字亦左挑如開元錢

至
道
元
寶

至
道
元
寶

至
通
元
寶
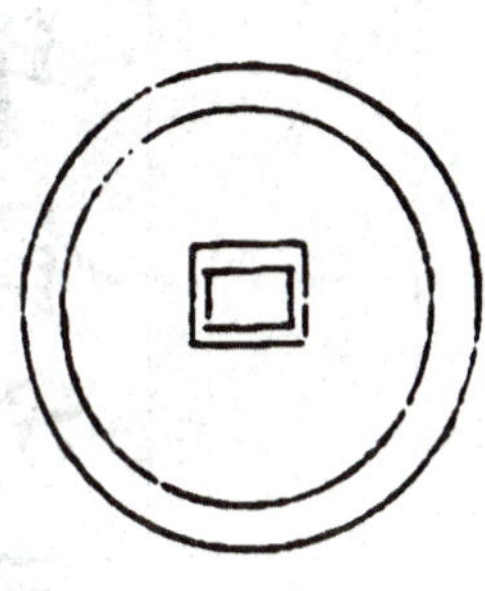
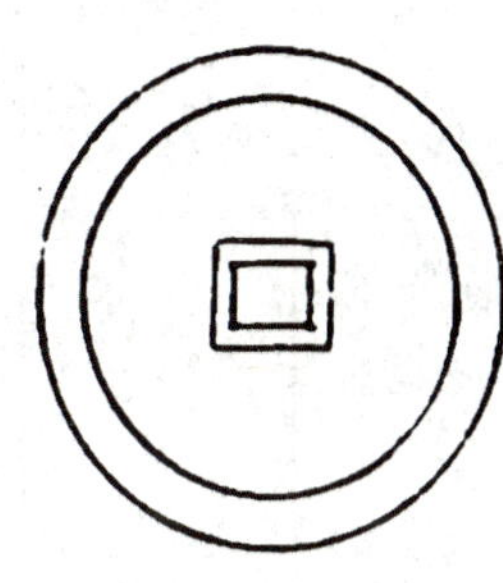
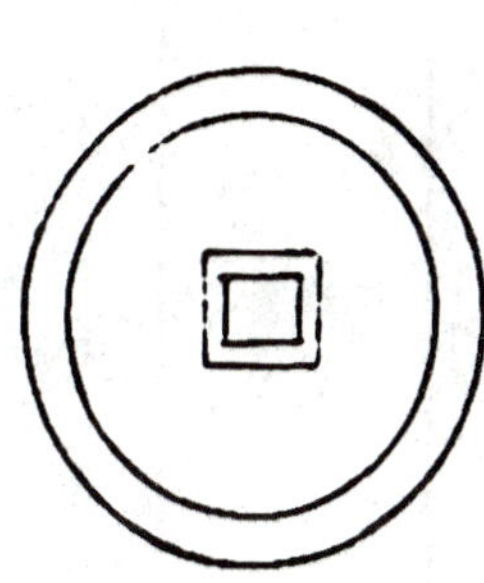

右太宗至道元年錢亦三體書按淳化六年改元至道

祥符元寶

咸平元寶

咸平元寶

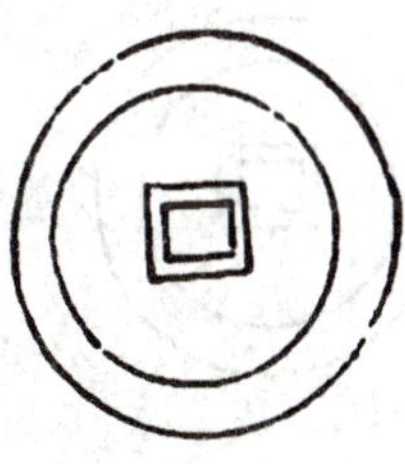

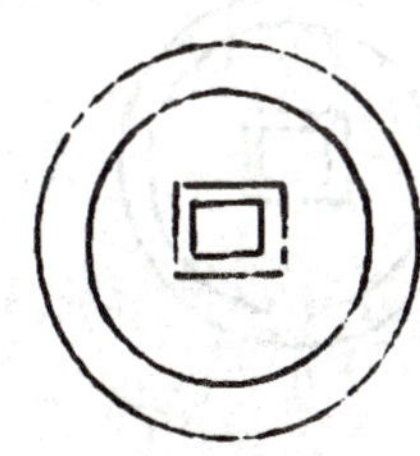

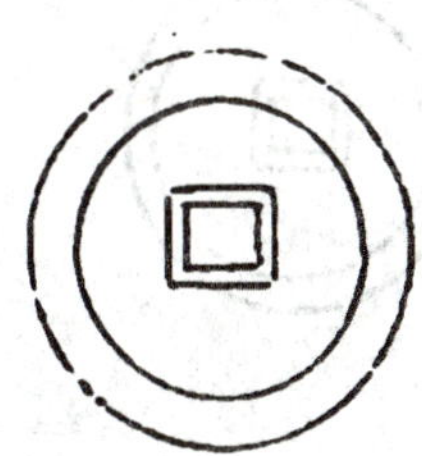

天禧通寶

景德元寶

祥符通寶

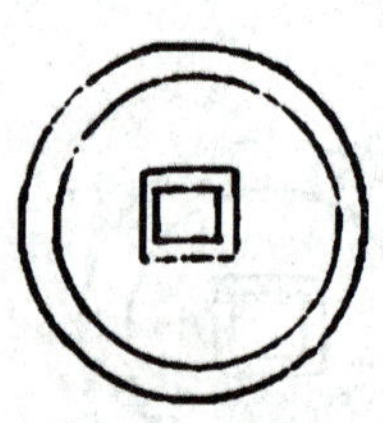

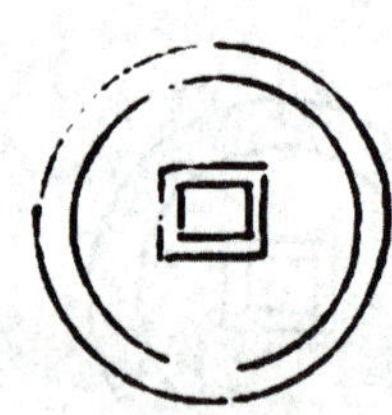

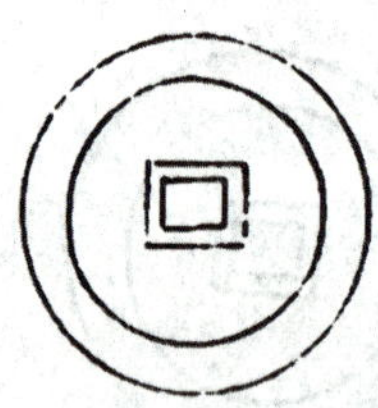

右真宗錢咸平元寶有大小二種祥符有通寶元寶二種景德文曰元寳天禧曰通寶凡六枚按真宗朝凡五改元皆著於錢文至天禧六年改元乾興未開鑄

明
道
元
寶

天
聖
元
寶

天
聖
元
寶

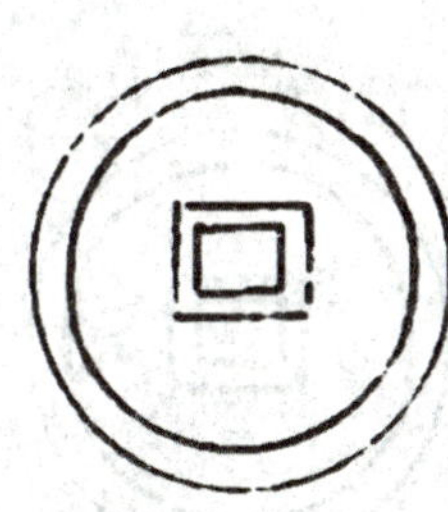

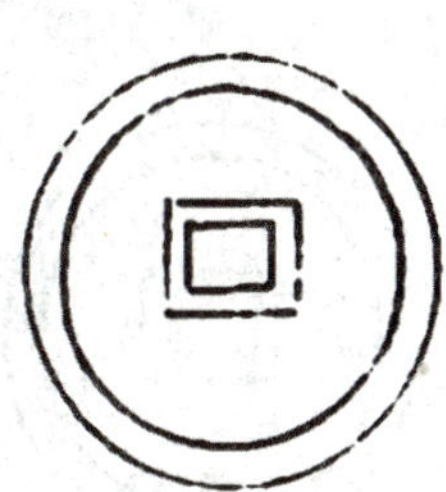

景祐元寶

景祐元寶

明道元寶

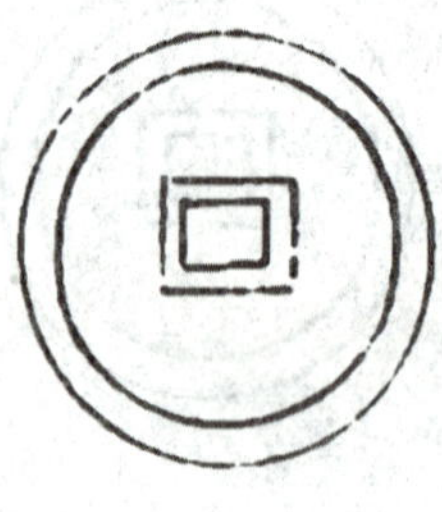

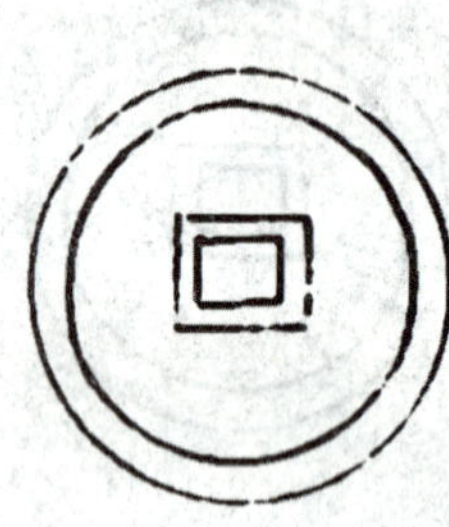

右仁宗錢三品凡六枚篆書真書二體文俱為元寶

按仁宗即位之次年改元天聖十年改元明道明道

三年改元景祐

皇
宋
通
寶

皇
宋
通
寶

皇
宋
通
寶

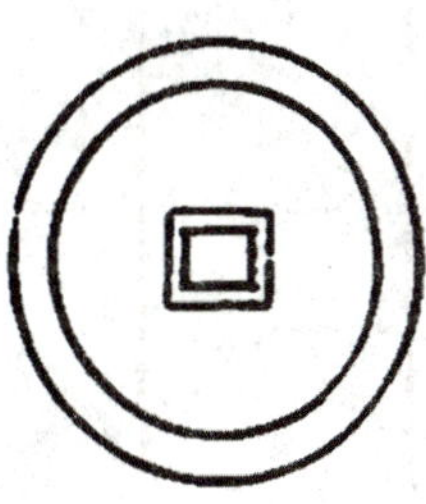

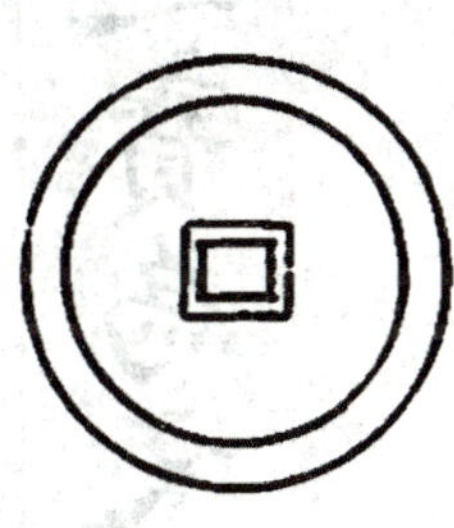

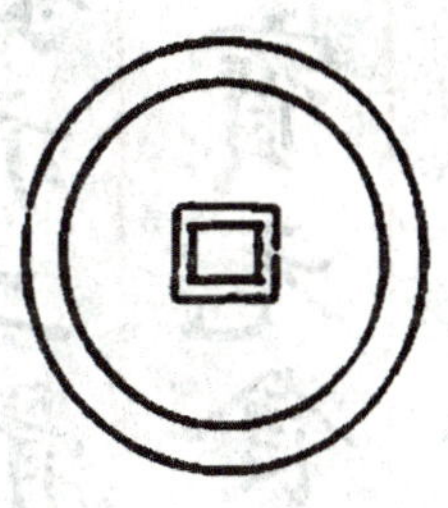

右仁宗皇宋通寶錢亦二體書其眞書者又一種差小按景祐五年改元寶元食貨志謂改元更鑄皆曰元寶而冠以年號至是改元寶元文當曰寶元元寶仁宗特命以皇宋通寶為文

慶
歷
重
寶

慶
重
歷
寶

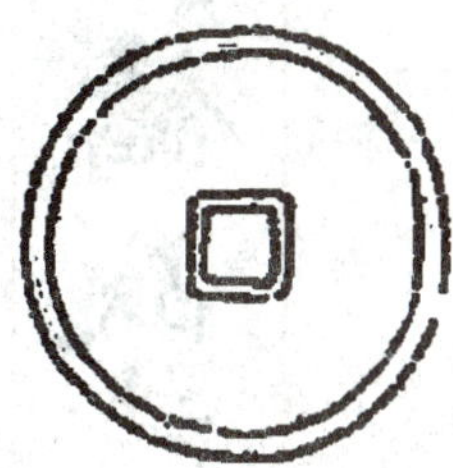

右仁宗慶歷大錢二種文俱曰重寳而讀各不同按史慶歷末葉清臣為三司使與學士張方平等上陜西錢議曰關中用大錢本以縣官取利太多致姦人盜鑄其用日輕請以江南儀商等州大銅錢一當小錢三云云蓋其時大錢皆當十當五工費輕而民間邀利者多毁小錢私鑄故清臣等言之

皇
祐
元
寶

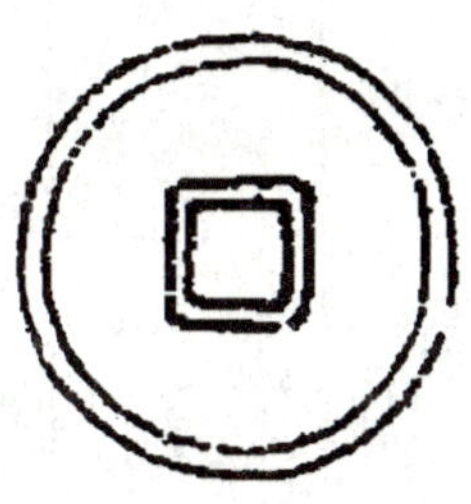

右仁宗皇祐元寶錢按慶歷九年改元皇祐

至
和
元
寶

至
和
元
寶

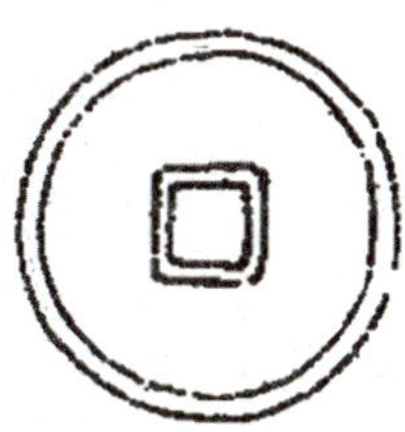

右仁宗至和元寶錢篆書真書二體按皇祐九年改
元至和

和
通
寶

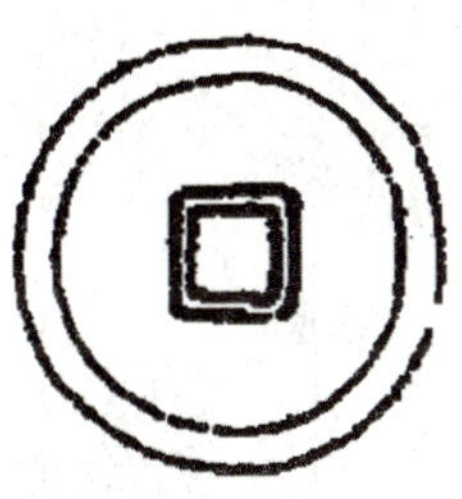

右至和通寶錢真書

嘉
祐
通
寶

嘉
祐
通
寶

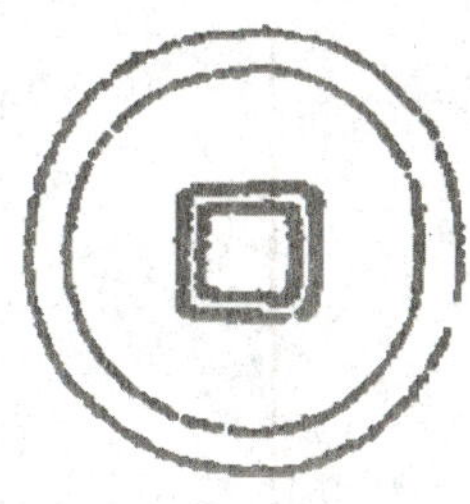

右仁宗嘉祐通寶錢篆書真書二體按至和二年改

元嘉祐

嘉祐元寶

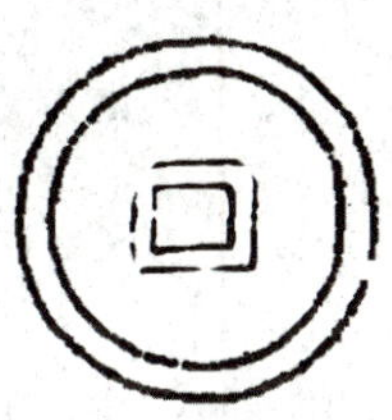

右嘉祐元寶錢真書

治平元寶

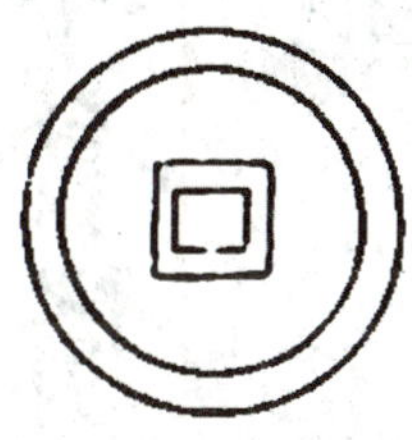

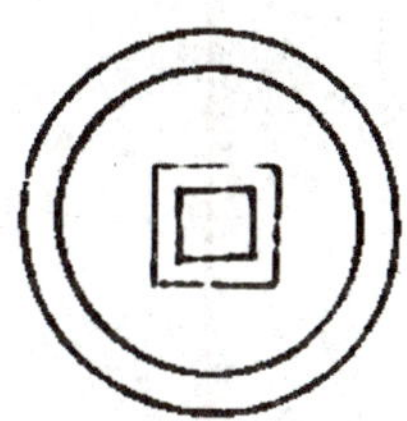

右英宗治平元寶錢篆書真書二體按嘉祐八年英宗即位次年改元治平食貨志治平中饒池江建韶儀六州鑄錢百七十萬緡

治平通寶

治平通寶

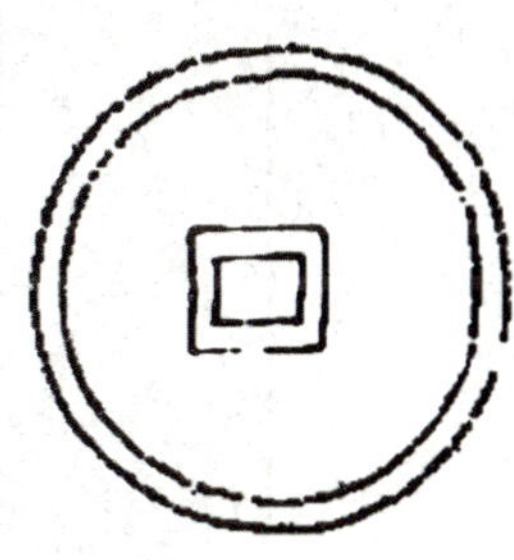

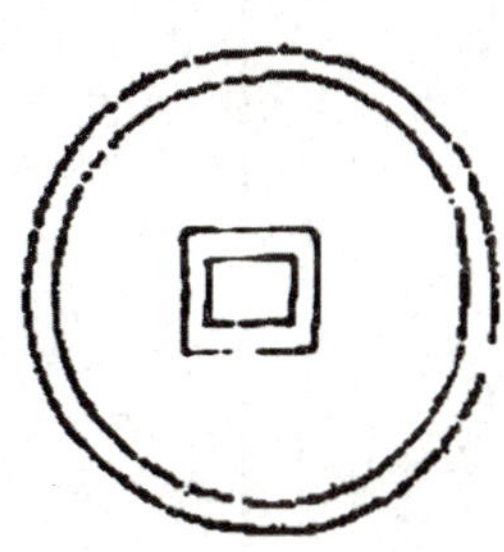

右治平通寶錢亦二體書特大小有間

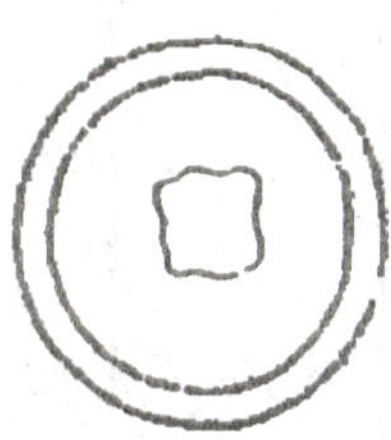

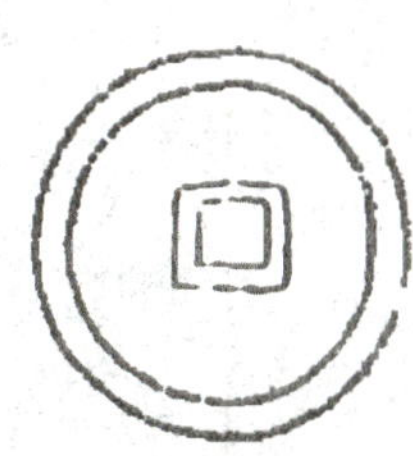

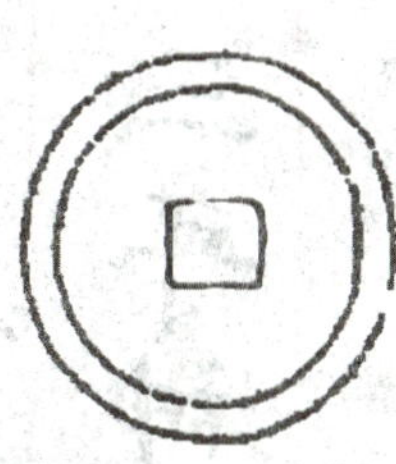

右神宗篆書熙寧元寶錢前一種稍大後二種篆法各不同並録之按治平三年神宗即位次年改元熙寧

熙
寧
元
寶

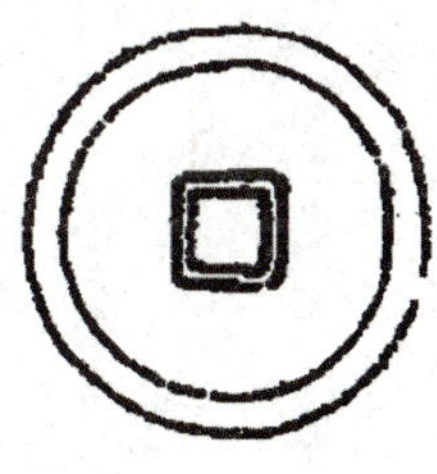

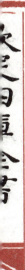

右真書熙寧元寶

熙
寧
重
寶

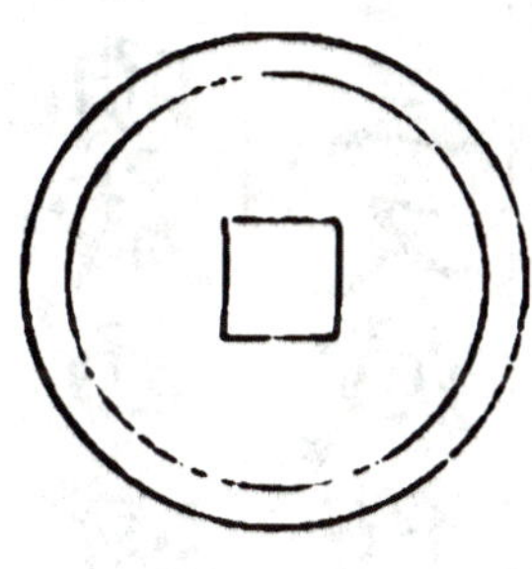

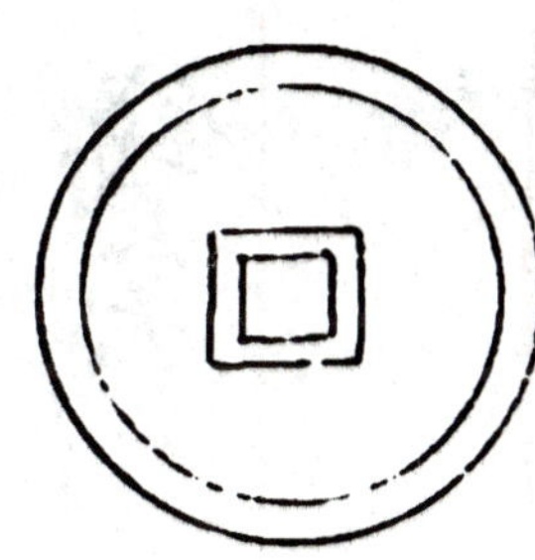

右熙寧重寶大錢亦二體書按通考神宗熙寧四年陝西轉運使皮公弼言頃歳西邊用兵始鑄當十錢後兵罷多盜鑄者乃以當三又減作當二行之至今銅費相當盜鑄衰息請以舊銅鉛盡鑄當二錢從之折二錢遂行天下云云則此大錢前為當十後減作當二者也餘品悉謂之小平錢矣

元豐通寶

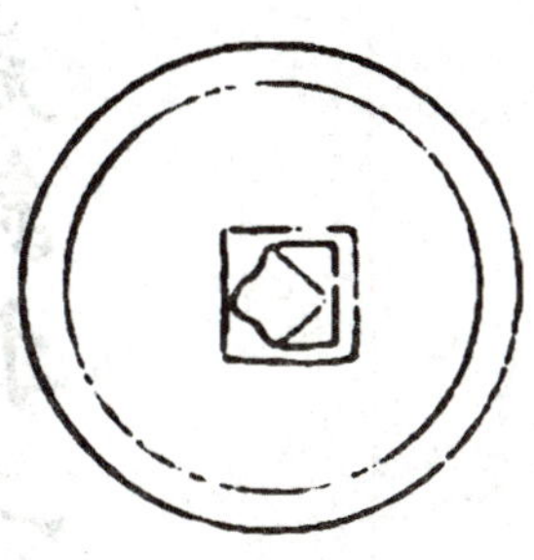

右神宗元豐通寶大錢較熙寧大錢畧相等按熙寧十一年改元元豐食貨志言元豐以後西師大舉邊用匱鈌徐州置寶豐下監歲鑄折二錢二十萬緡

元
豐
通
寶

元
豐
通
寶

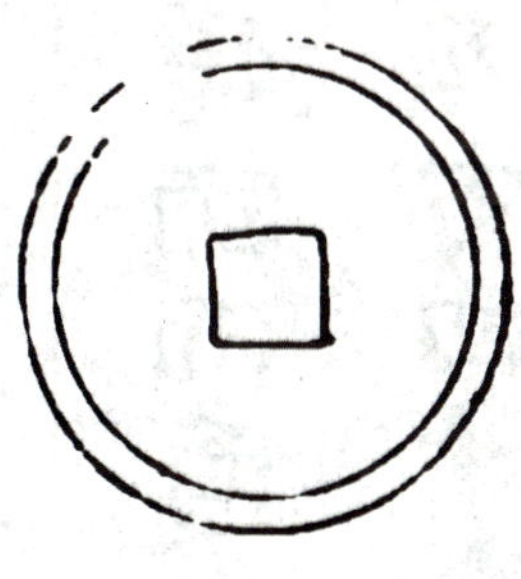

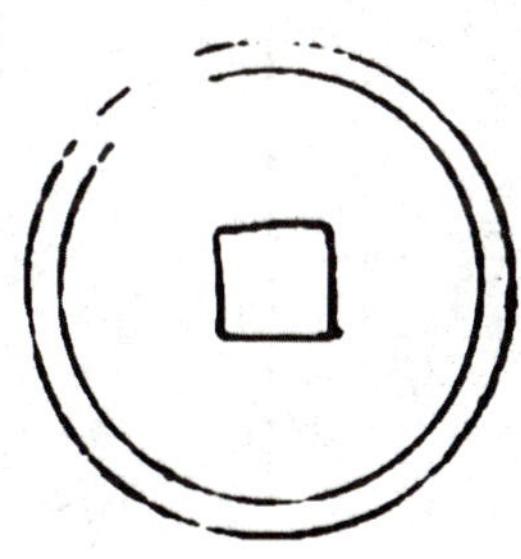

右元豐通寶錢篆書行書二體按神宗朝鼓鑄最繁食貨志言諸路大率務於增額而通考載諸路鑄錢總二十六監每年鑄銅鐵錢五百四十九萬九千二百三十四貫

文
祐
通
寶

元
祐
通
寶

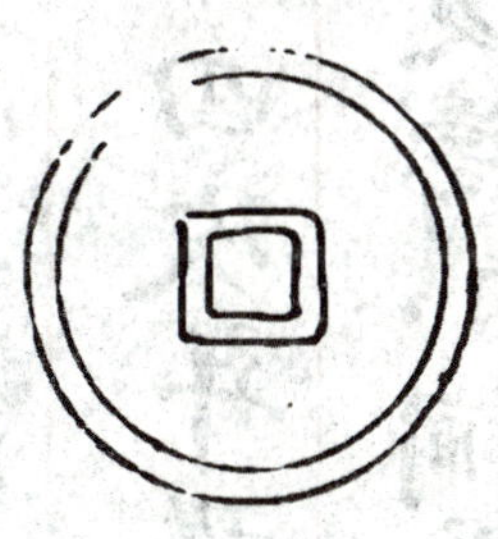

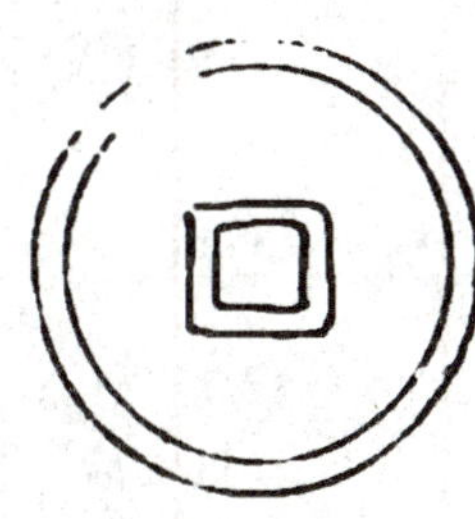

右哲宗元祐通寳錢二體書按元豐八年哲宗即位罷舊所增置鑄錢監凡十四次年改元元祐至元祐八年八月庚午乃詔陝西復鑄小銅錢

元
祐
通
寶

元
祐
通
寶

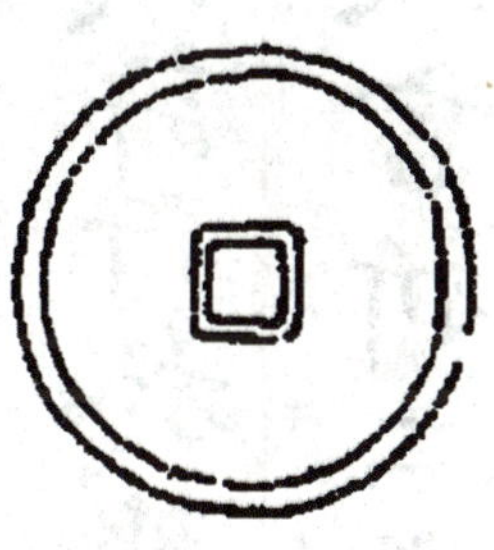

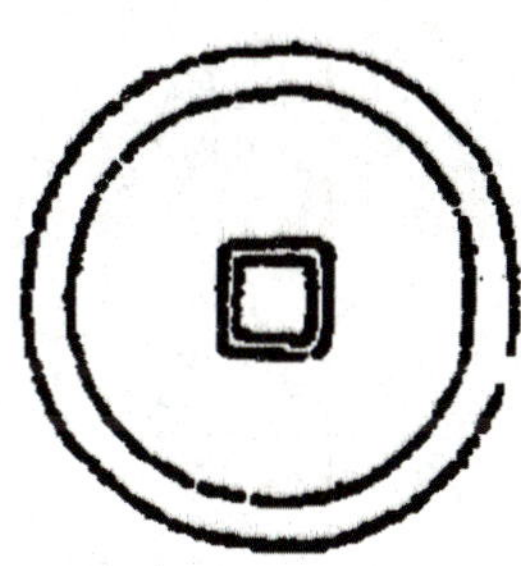

右元祐通寶大錢蓋折二錢也亦二體書按食貨志元祐八年令折二銅錢許行於陝西及河東京西路仍限二年毋更用尋以入言折二錢不通行非便乃聽行使如舊

紹聖元寶

紹聖元寶

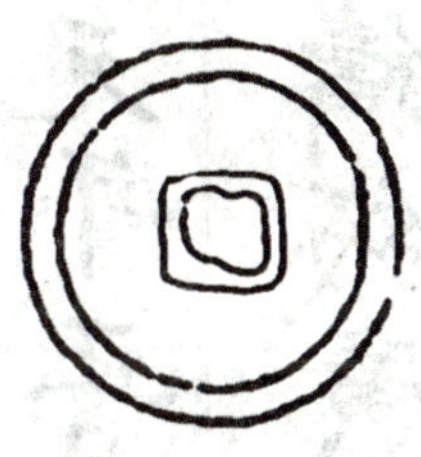

右哲宗紹聖元寶錢亦二體書按元祐九年改元紹聖

又考哲宗本紀紹聖元年正月辛丑罷河東大銅錢三年

十二月癸酉置施州鑄錢廣積監

紹聖通寶

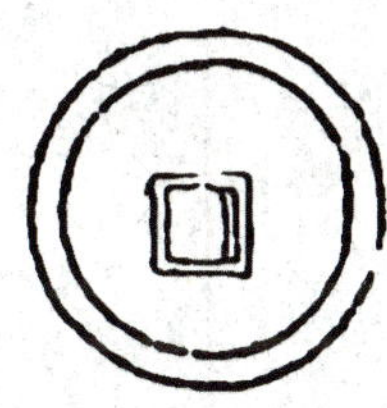

右紹聖通寶錢行書

紹聖元寶

紹聖元寶

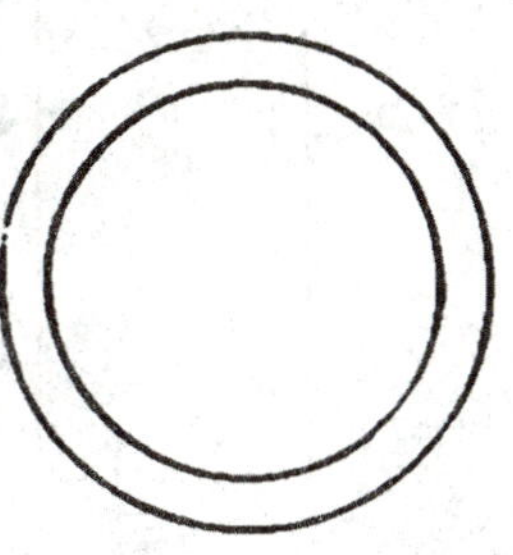

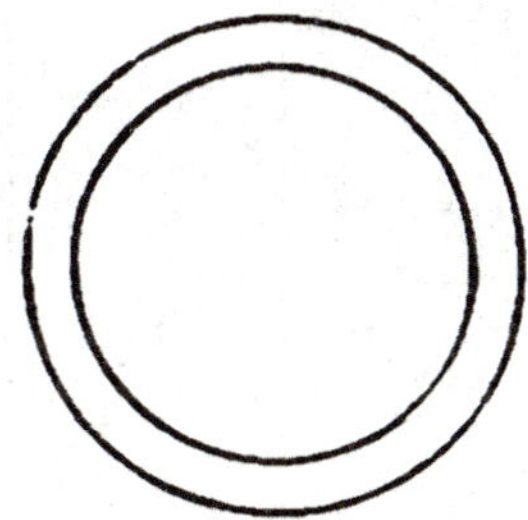

右紹聖元寶大錢折二也亦篆書行書二體

元符通寶

元符通寶

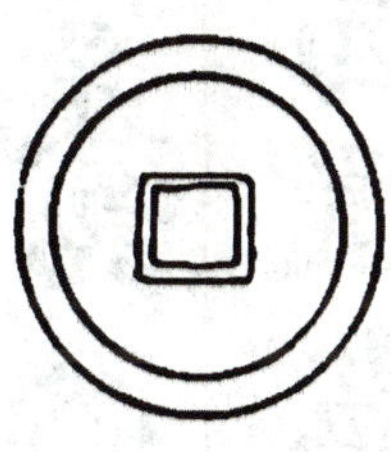

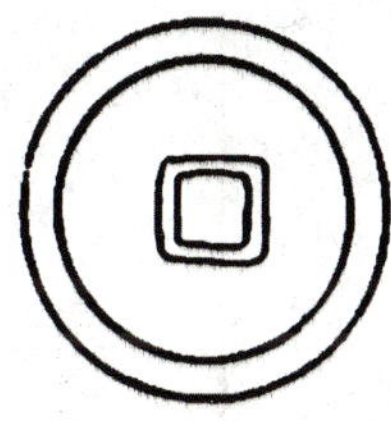

右哲宗元符通寶錢亦二體書食貨志元符二年下陜西諸路博究利害於是詔陜西悉禁銅錢在民間者盡送官而官銅悉取就西置監

元
符
通
寳

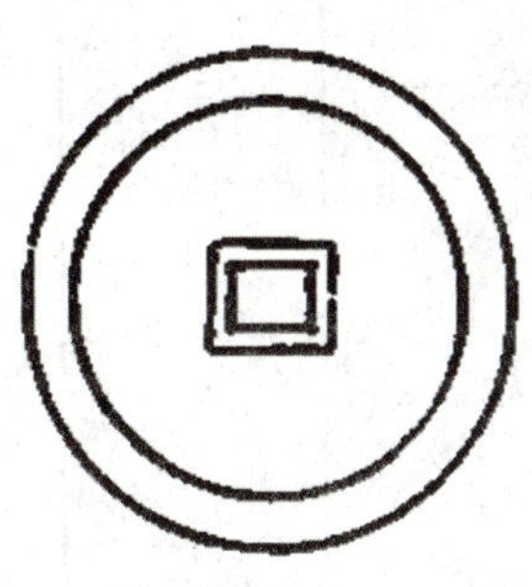

右行書元符通寳大錢亦折二也

聖
宋
元
寶

聖
宋
元
寶

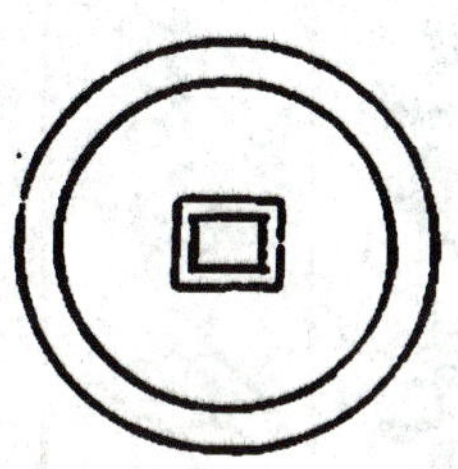

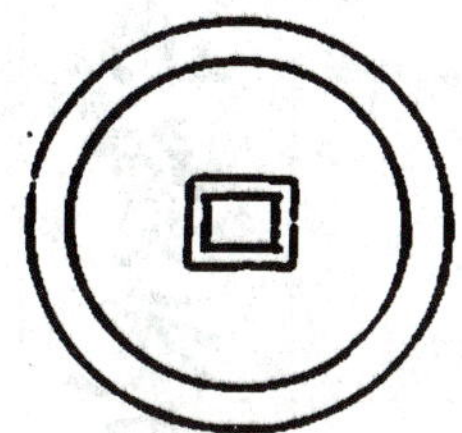

右徽宗聖宋元寳大錢篆書行書二體按徽宗本紀崇寧元年十二月庚申鑄當五錢又食貨志崇寧二年五月令陝西及江池饒建諸州以每歲所鑄小平錢增料改鑄當五大銅錢以聖宋通寳為文今錄二種皆文曰元寳意當時原有通寳元寳兩品耶

聖
宗
元
寶

聖
宋
元
寶

聖
宋
元
寶

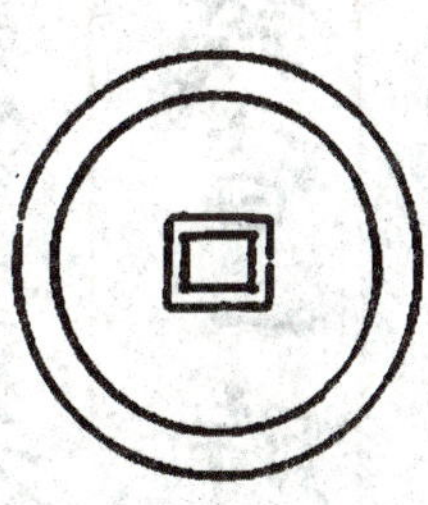

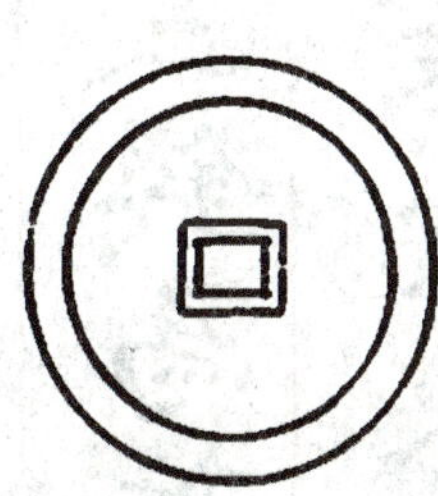

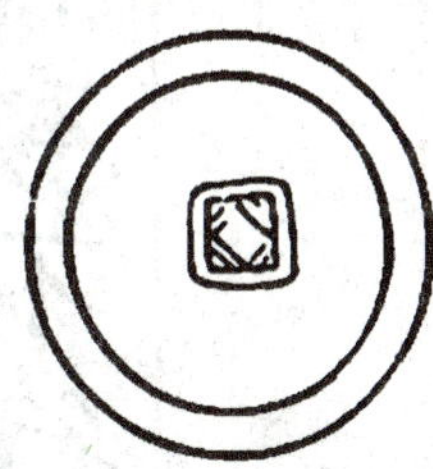

右聖宋元寶錢亦二體書篆書者後一種更輕小皆小平錢也按此錢與前折五錢皆一時所鑄食貨志稱三年遂罷鑄小平錢及折五錢置監於京城所復徐州寶豐衞州黎陽監並改鑄折二錢為折十蓋此錢與折五錢鑄於崇寧三年以前及蔡京秉國鋭意欲興當十錢遂未久與舊折二錢咸罷廢不行也

崇
寧
重
寶

崇
通
寧
寶

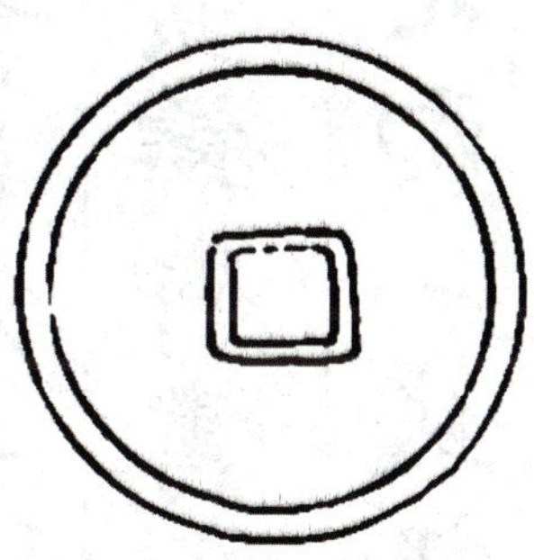

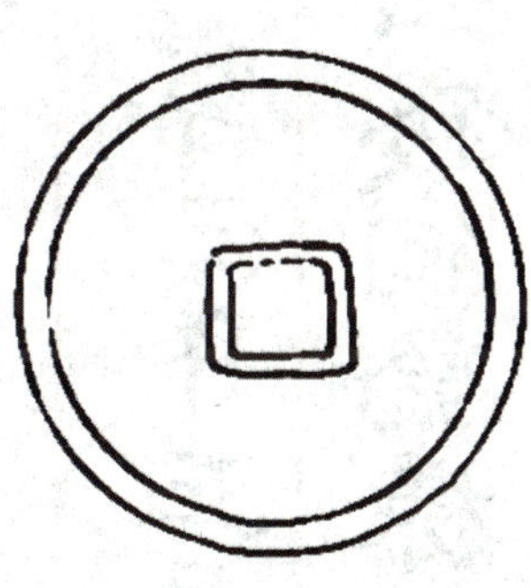

右徽宗崇寧大錢隸書真書二體文曰重寳曰通寳而讀各不同按本紀崇寧三年正月戊子鑄當十大錢又食貨志崇寧四年立錢綱驗様法崇寧監以所鑄御書當十錢來上緡用銅九斤七兩有竒鉛半之錫居三之一詔頒其式於諸路令赤仄烏背書畫分明又通考尚書省言崇寧監鑄御書當十錢每貫重一十四斤七兩用銅九斤七兩二錢鉛四斤一十二兩六錢錫一斤九兩二錢去火耗一斤五兩每錢重三錢

大
觀
通
寶

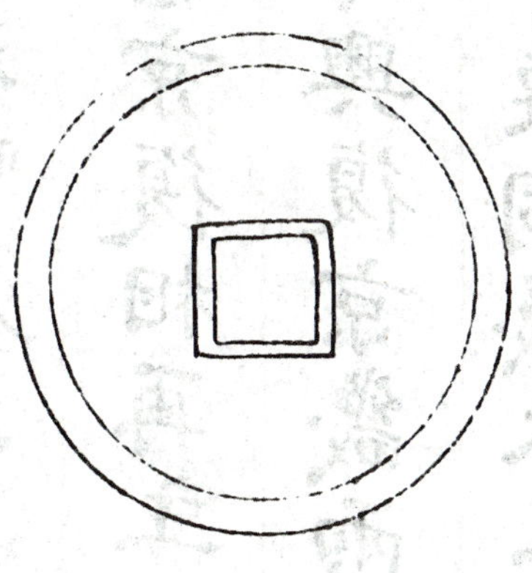

右徽宗大觀通寶大錢真書按崇寧六年改元大觀先是崇寧所鑄當十錢不便於民而私鑄日衆重罰不能止右僕射趙挺之御史沈畸屢以為言遂減作當五貳當三繼復罷鑄至是蔡京復相再主用折十錢以京畿錢監所得私錢改鑄尋興復京畿兩監以轉運使宋喬年領之喬年鑄烏背漉銅錢來上詔以漉銅錢頒行諸路

大
觀
通
寶

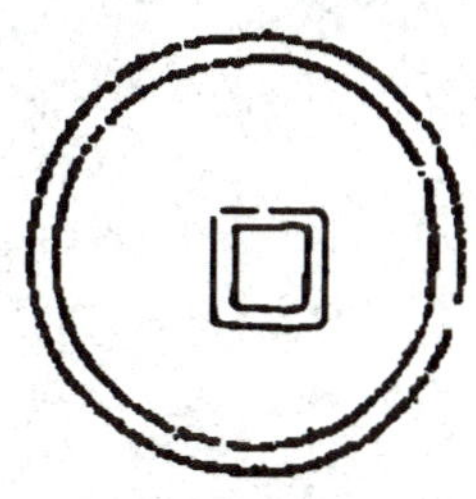

右大觀通寶錢亦真書按本紀大觀四年正月癸卯罷改鑄當十錢二月庚辰罷京西錢監食貨志稱政和元年正月詔止鑄舊額小平錢是也

政和通寶

政和通寶

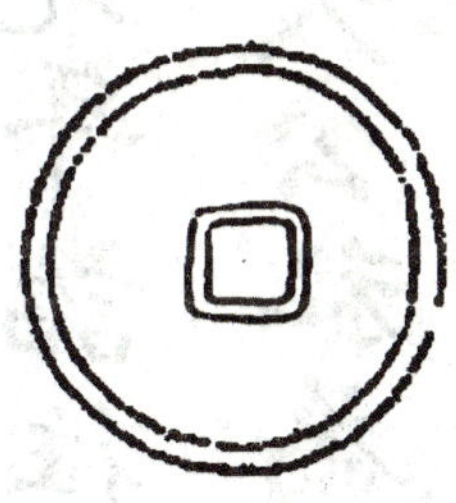

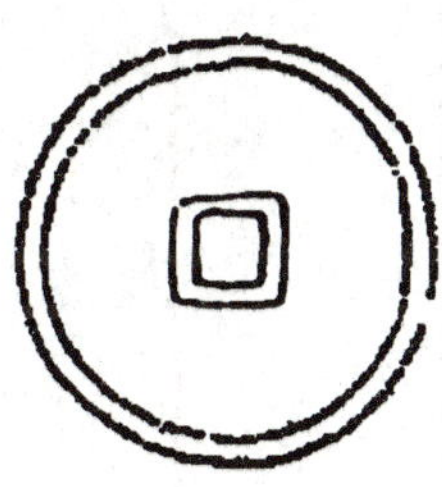

右徽宗政和通寶錢篆書分楷二體按大觀五年改元政和食貨志稱政和元年詔往歲圖利之臣鼓鑄當十錢苟濟目前不究悠久公私為害行之幾十年其法日弊見在當十錢可並作當三兩張商英請收當十錢毋更用俟錢入官擇其惡者鑄小平錢從之此錢是也

政
和
通
寶

政
寶

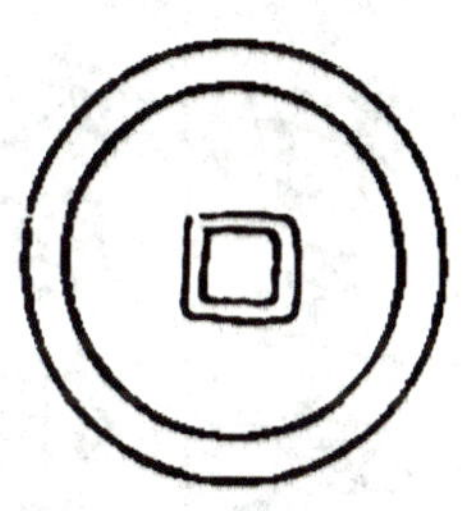

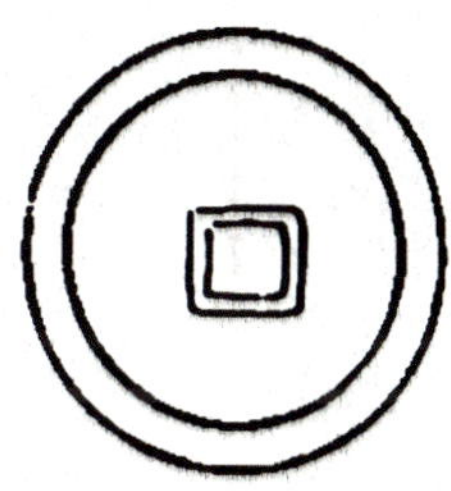

右政和通寶大錢亦二體書按食貨志初蔡京主行夾錫錢詔轉運副使許天啓推行其法以夾錫錢一折銅錢二會京罷政遂不行至政和二年京復相奏昨鑄夾錫錢精善請復鑄如故遂以政和錢頒為式此錢是也

宣和通寶

宣和通寶

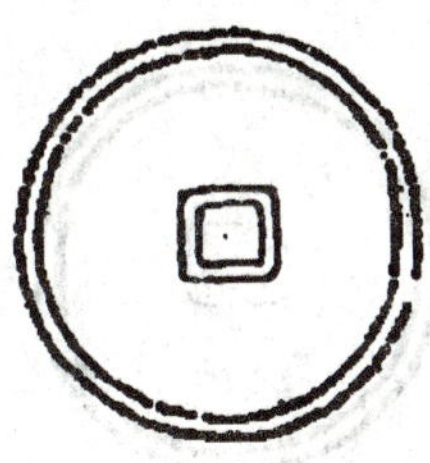

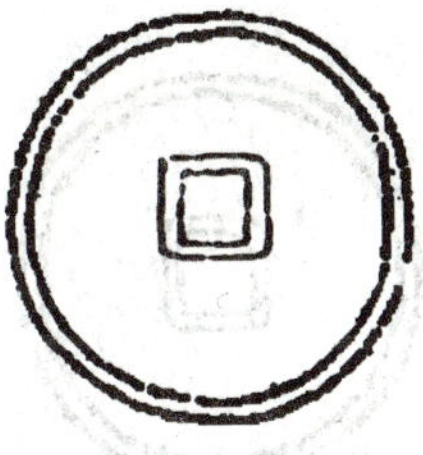

宣和通寶

宣和通寶

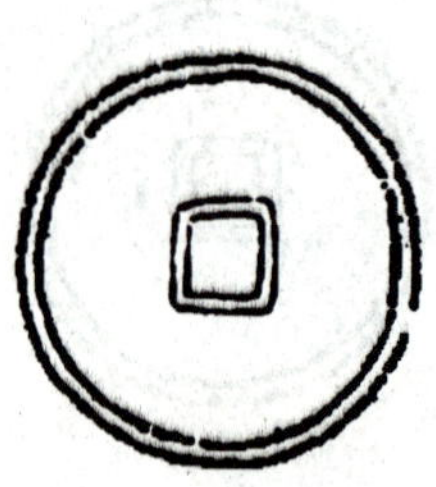

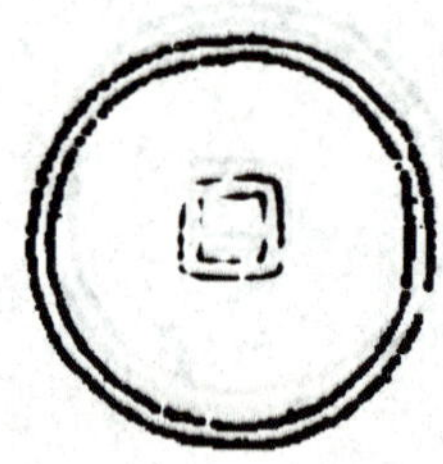

右徽宗宣和通寶錢四種前一種篆書後三種以次遞小俱作分楷按政和七年改元重和次年改宣和食貨志稱東南錢額不敷宣和以後尤甚乃令饒贛錢監鑄小平錢

宣
和
通
寶

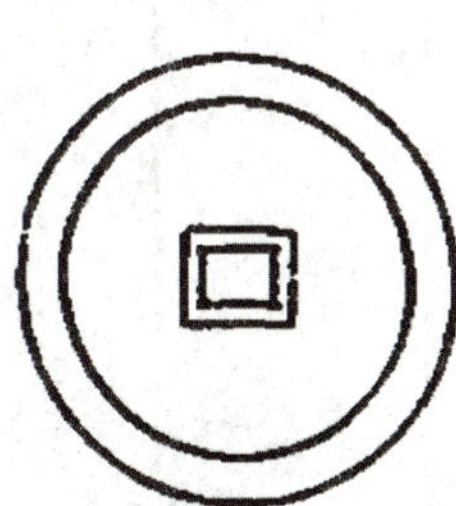

宣
和
通
寶

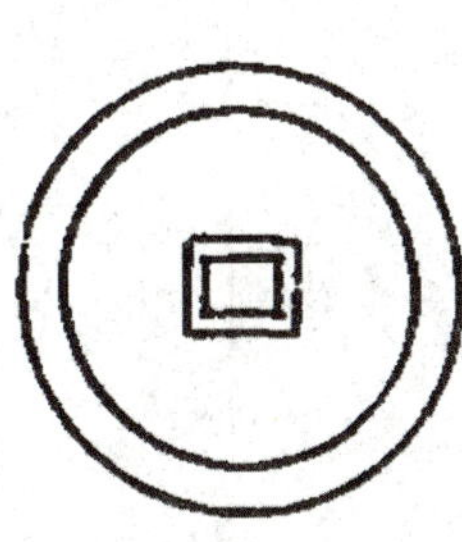

宣
和
通
寶

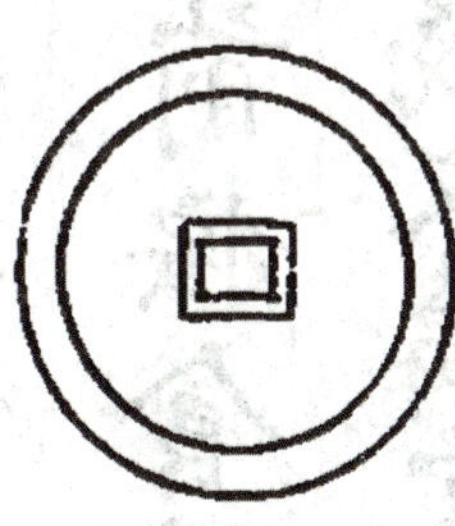

右宣和通寳大錢三種前二種篆書分楷二體後一種亦分楷而細緣稍大於前按食貨志鑄小平錢後又令江池饒錢監盡以小平錢改鑄當二錢以紓用度此錢即當二也

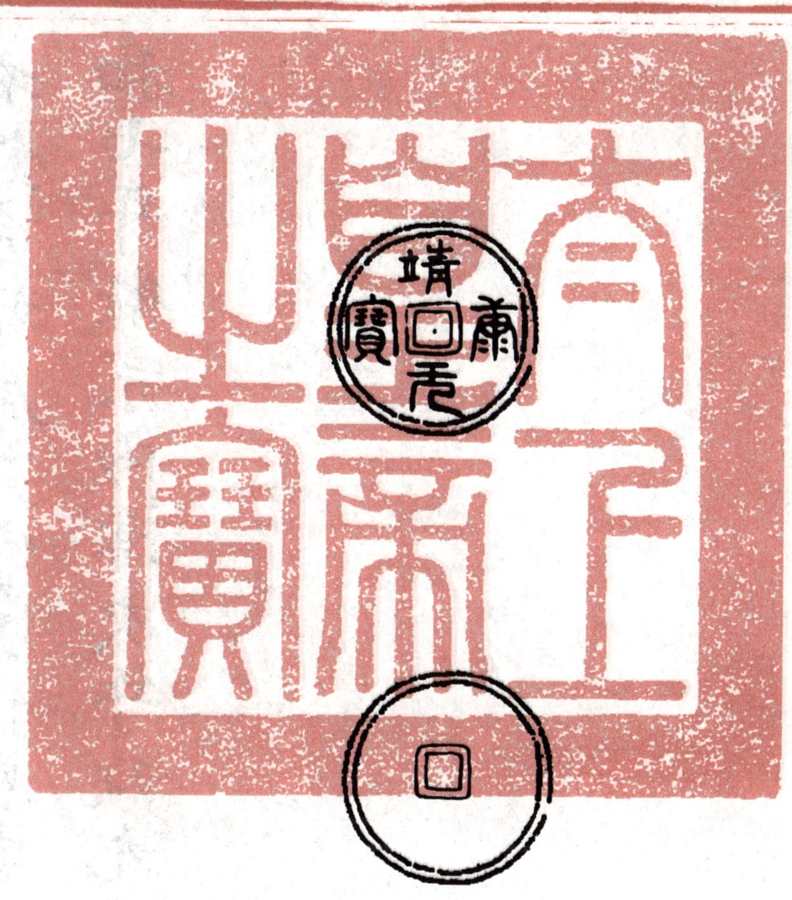
靖
康
元
寶

右欽宗靖康元寶大錢與宣和當二錢規制相等按宣和七年徽宗内禪次年改元靖康

錢録卷十

總校官舉人臣章維桓
校對官中書臣毛上炱
謄録監生臣王廷鈞

清·梁詩正等撰

錢録

（二）

中國書店

詳校官候補知縣臣楊懋珩

欽定四庫全書

錢録卷十一

右南宋高宗建炎通寶錢靖康二年康王即位於南京改元建炎按食貨志建炎經兵鼓鑄皆廢然考本紀建炎元年九月壬辰鑄建炎通寶錢則此錢是也

建炎通寶

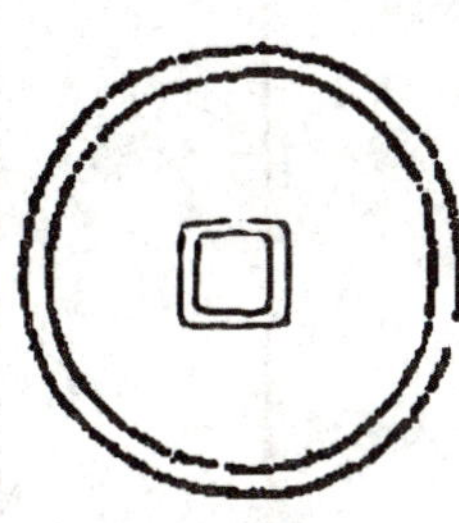

建炎通寶

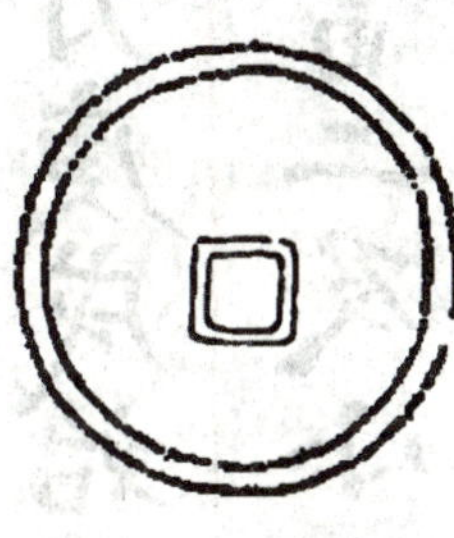

右建炎通寶大錢篆書真書二體此錢盖與前品同鑄

本紀建炎元年九月庚戌始通當三代錢於淮浙荆湖

諸路按高宗朝只當二及小平錢二種不聞别鑄此大

錢意即當二本紀盖指先朝大觀等舊錢後改為當三

者非新鑄也

紹興元寶

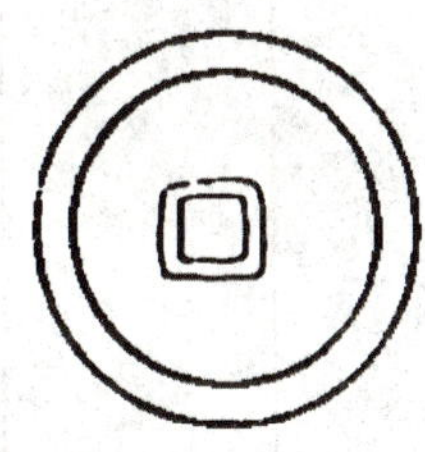

右高宗紹興元寶錢按建炎五年改元紹興本紀紹興元年八月壬午鑄紹興錢

紹
興
元
寶

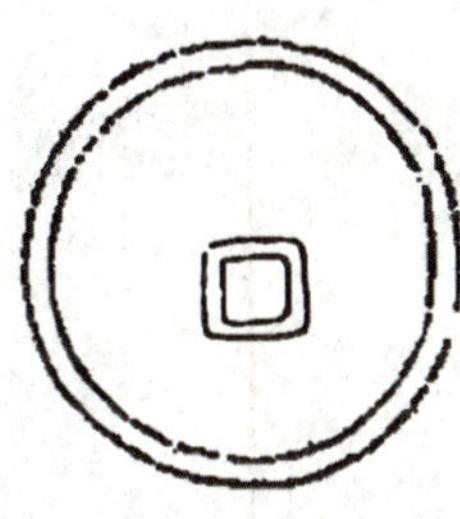

紹
興
通
寶

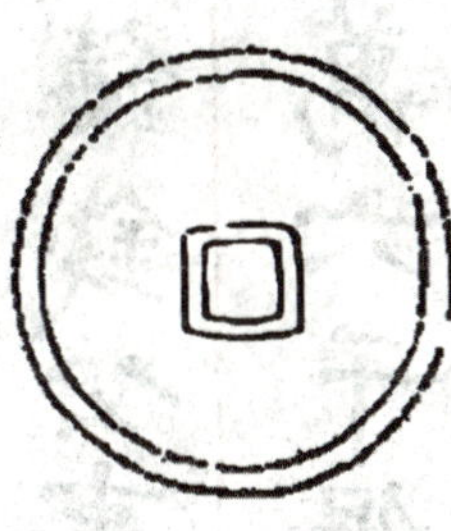

右高宗大錢二體書一曰元寶一曰通寶讀各不同按食貨志以李植提點鑄錢公事植言令泉司小平錢一萬八千緡折二錢六萬六千緡云云則前品蓋小平錢而此大錢則折二與建炎二種同也

紹興元寶

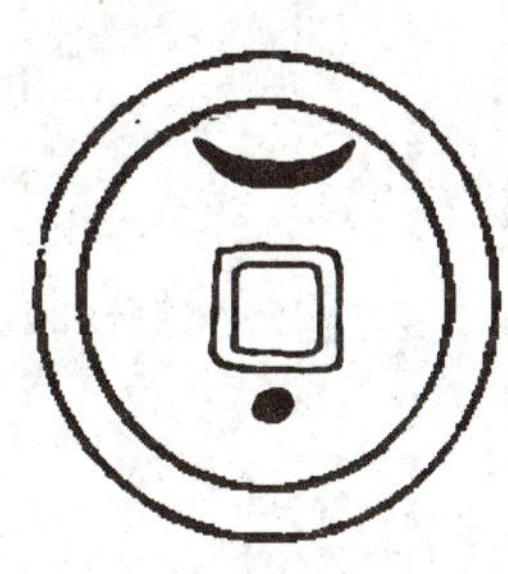

右紹興元寶大錢與前通寶一種同皆折二也背有星

月文如開元製

淳熙元寶

淳熙元寶

捌

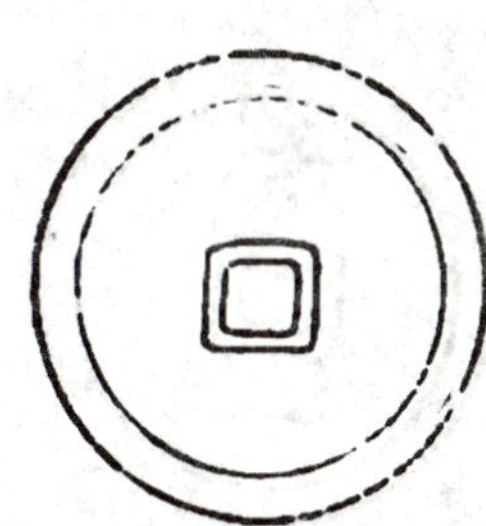

淳熙元寶

淳熙元寶

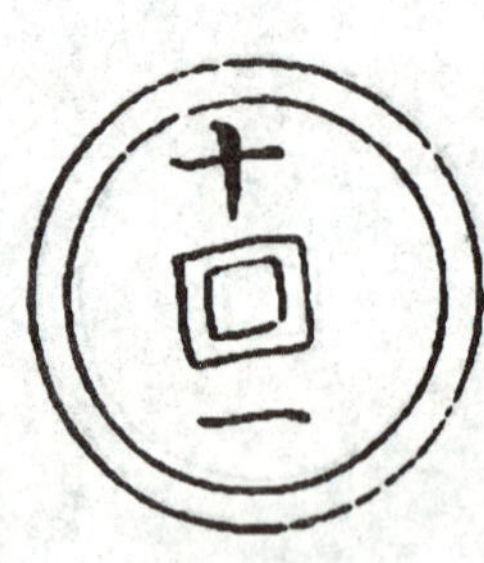
十一

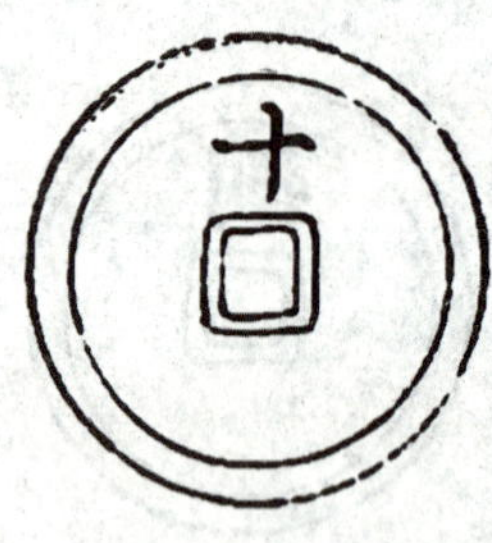
十

淳
熙
元
寶

淳
熙
元
寶

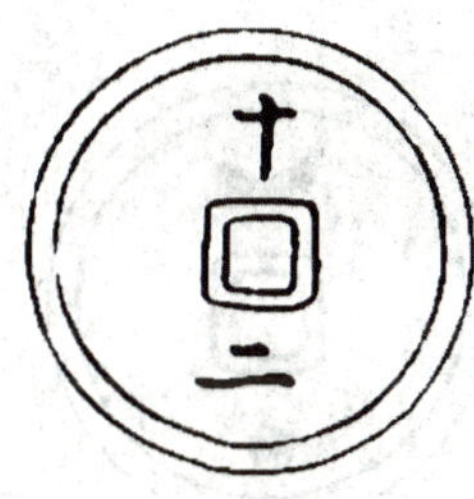
十
二

十
四

淳
熙
元
寶

十
六

淳
熙
元
寶

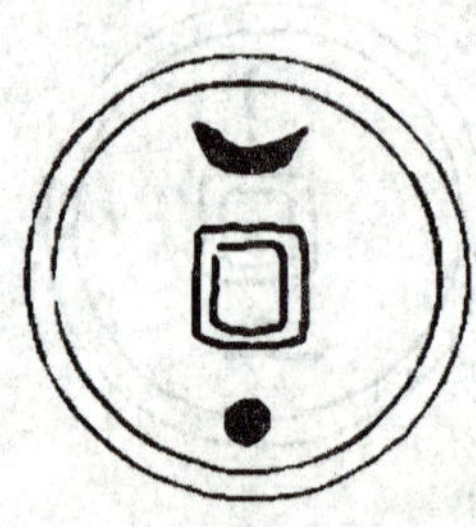

右孝宗淳熙元寶大錢按乾道十二年改元淳熙本紀淳熙元年十二月丙辰罷鐵錢改鑄銅錢食貨志孝宗隆興元年詔鑄當二小平錢如紹興初注謂乾道淳熙迄於嘉泰開禧皆如之則此錢實與紹興折二同其背文八字十字十一字十二字十四字十六字則記是年所鑄蓋淳熙十六年之次年即改元紹熙也至本紀又載六年十月庚子四川行當三錢意是别鑄或舊錢只行於蜀耳

紹
熙
元
寶

紹
熙
元
寶

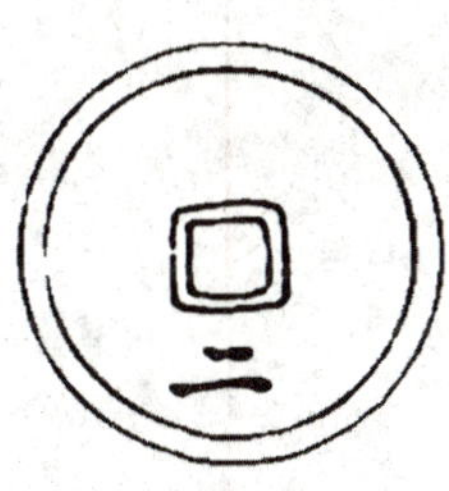
二

元

右孝宗紹熙元寶錢小平錢也

紹
熙
元
寶

紹
熙
元
寶

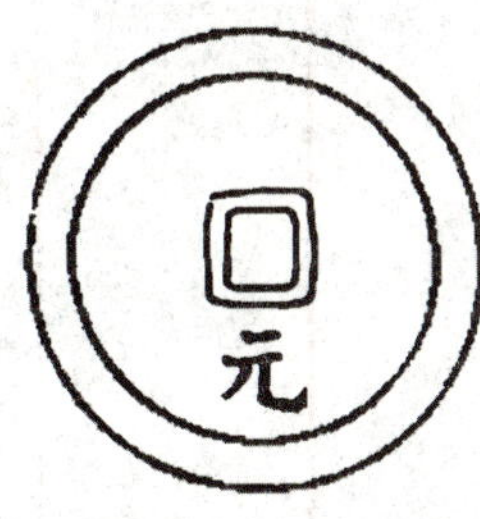
元

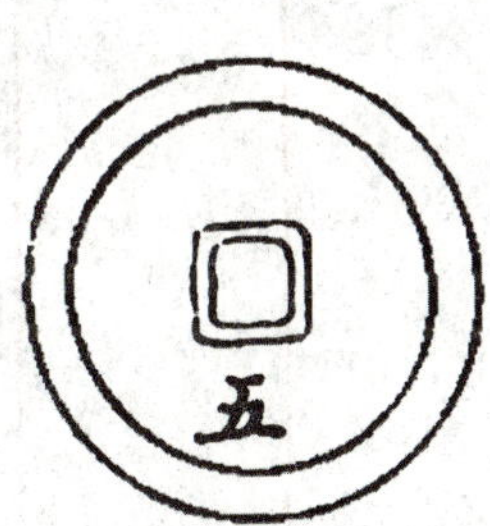
五

右紹熙元寶大錢折二錢也

慶
元
通
寶

慶
元
通
寶

漢
元

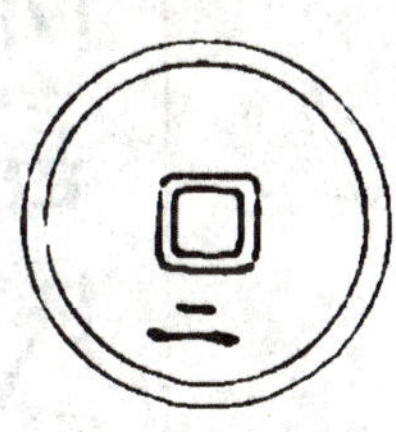
二

右寧宗慶元通寶錢背文穿上增漢字盖鑄錢地如漢陽監是也食貨志稱併富民監於漢陽監可據

慶元通寶

慶元通寶

慶元通寶

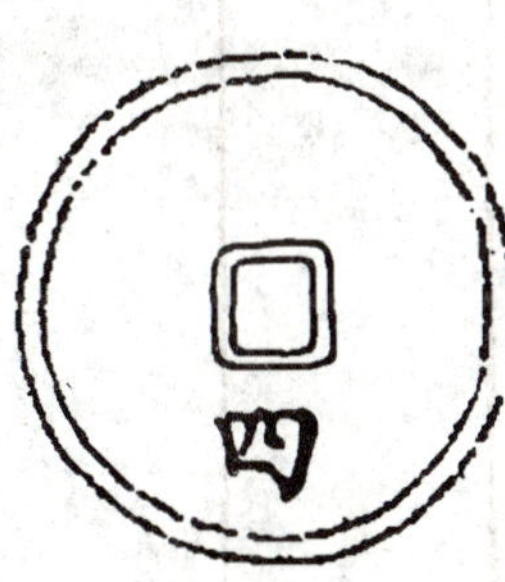
四

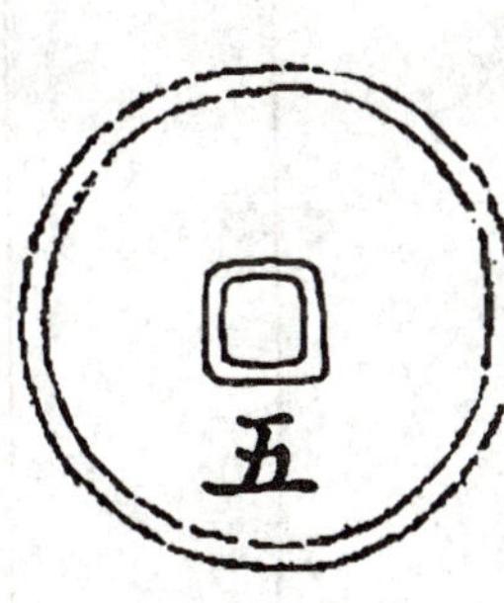
五

六

右慶元通寶大錢按此錢大於前折二諸品攷食貨志慶元三年復神泉監以所括銅器鑄當三大錢此錢是也

嘉
通
泰
寶

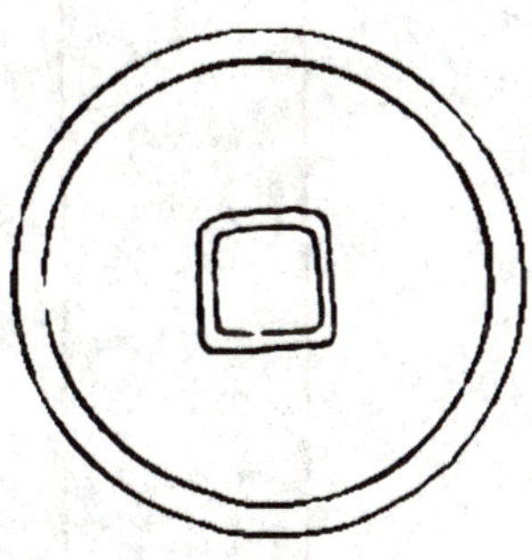

右寧宗嘉泰通寶大錢按慶元七年改元嘉泰此錢盖

當三與慶元當三錢同

嘉定通寶

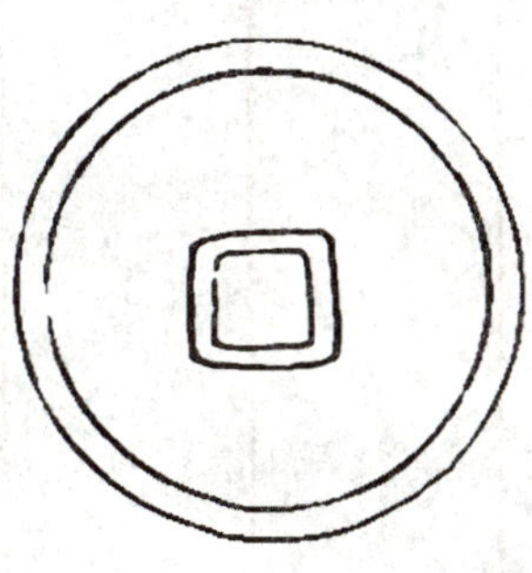

右寧宗嘉定通寳大錢較前品稍大按開禧四年改元嘉定本紀嘉定元年十二月庚午四川初行當五大錢食貨志嘉定元年即利州鑄當五大錢是錢盖當五也

嘉定通寶

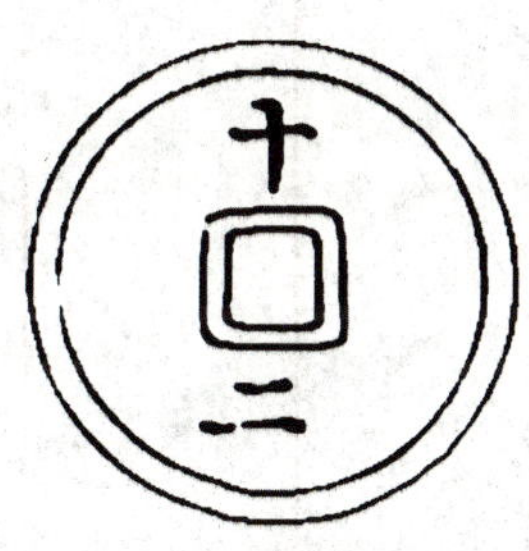
十二

右嘉定通寶大錢折二錢也

大宋元寶

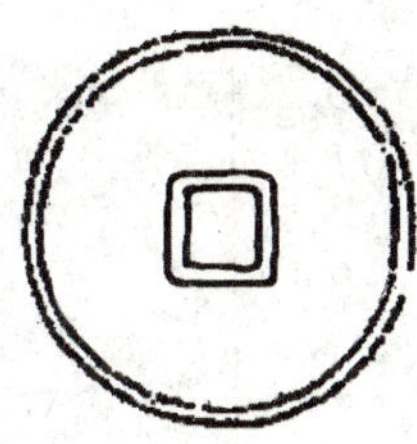

右理宗大宋元寶錢按嘉定十八年理宗即位改元寶慶本紀寶慶元年秋七月乙酉詔行大宋元寶錢食貨志寶慶元年新錢以大宋元寶為文

紹定通寶

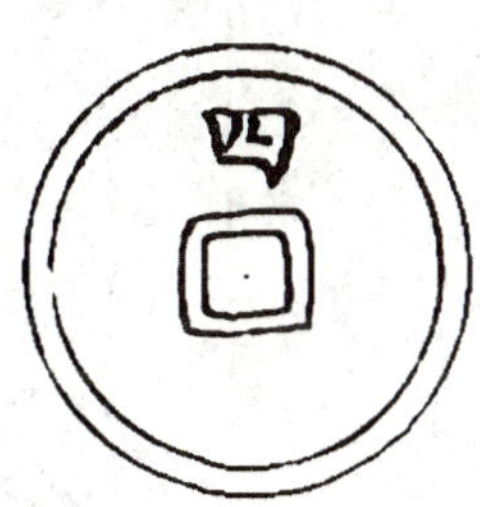
四

右理宗紹定通寶大錢按寶慶四年改元紹定此亦折二錢也

端
通
平
寶

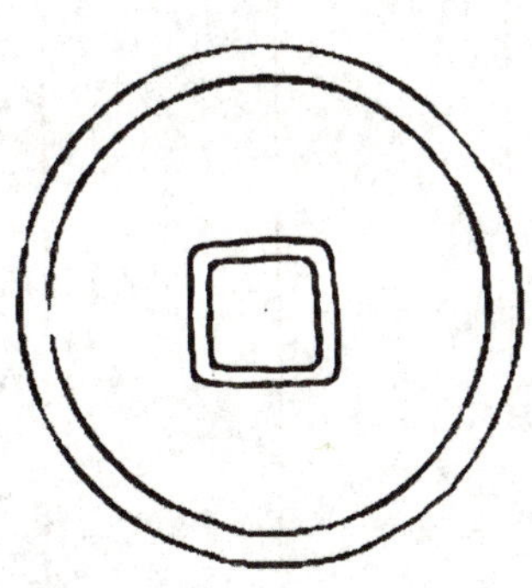

右理宗端平通寶大錢按紹定七年改元端平此錢與嘉泰當三錢同應是當三錢也理宗朝專措置楮幣而銅冶大衰攷本紀端平元年六月癸巳禁毀銅錢

嘉熙重寶

嘉熙通寶

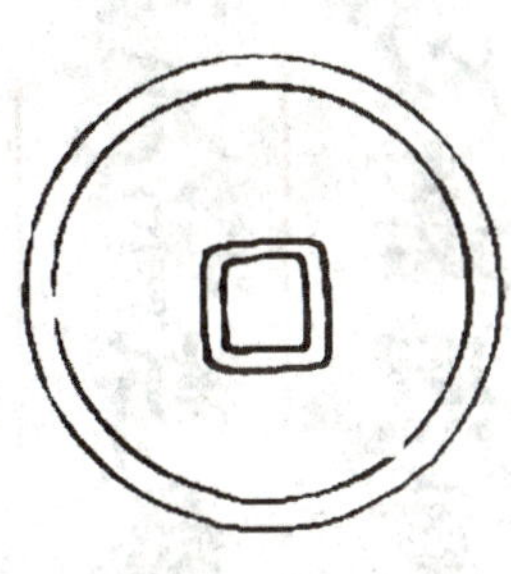

元

右理宗嘉熙大錢二種曰通寶曰重寶按端平四年改元嘉熙食貨志嘉熙元年新錢當二并小平錢並以嘉熙通寶為文當三錢以嘉熙重寶為文今前一種蓋當二後一種則當三也

淳祐元寶

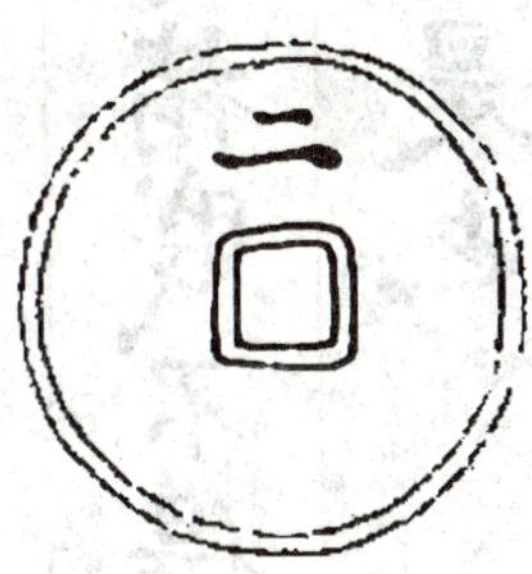
二

右理宗淳祐元寶大錢按嘉熙五年改元淳祐淳祐二年三月詔在外諸軍請給楮幣權以十八界三分增給又三年命淮東西總所餉軍劵錢並給楮四分則當時用楮仍與錢並行特楮賤不得不以錢權之故分配支給食貨志謂之品搭是也

淳祐通寶
當百

右淳祐通寳大錢錢背文有當百字錢質厚重過於諸大錢數倍而史無明文按本紀淳祐九年三月乙酉以程元鳳為江淮等路都大提點坑冶鑄錢公事葢是時所鑄又按淳祐十二年從監察御史劉元龍言遂令純用楮及至公私交獘明年仍用錢會中半則前此所云三分增給與給楮四分者又非定額矣賈似道當國主用會子亦曰交子後又變而為關子其意在於廢錢用楮故元龍純用楮之議顯為迎合然勢難久行卒不能盡

廢圜法也

皇
宋
元
寶

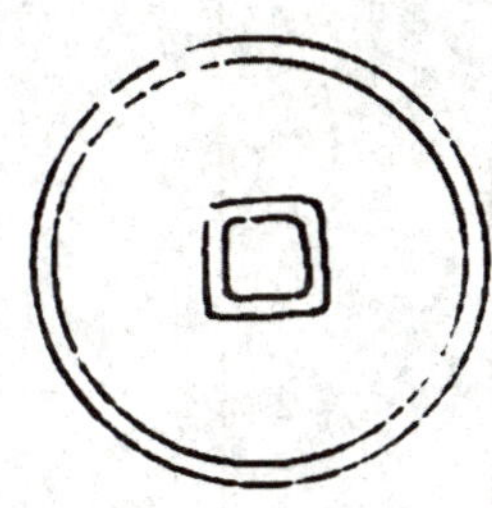

右理宗皇宋元寶錢按淳祐十三年改元寶祐食貨志寶祐元年新錢以皇宋元寶為文

皇
元
宋
寶

皇
宋
元
寶

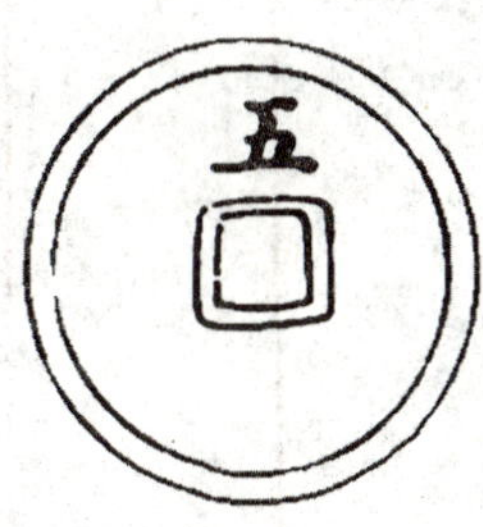
五

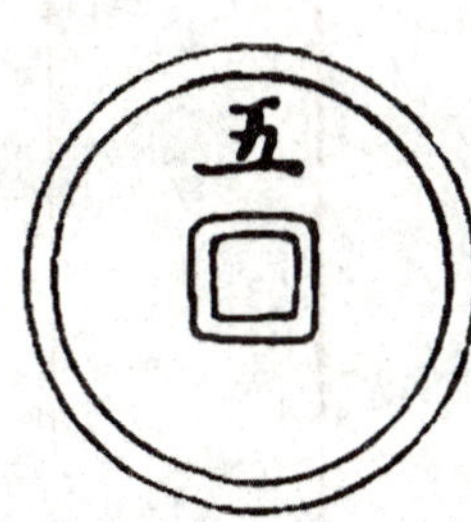
五

右皇宋元寶大錢二種微有小大

開慶通寶

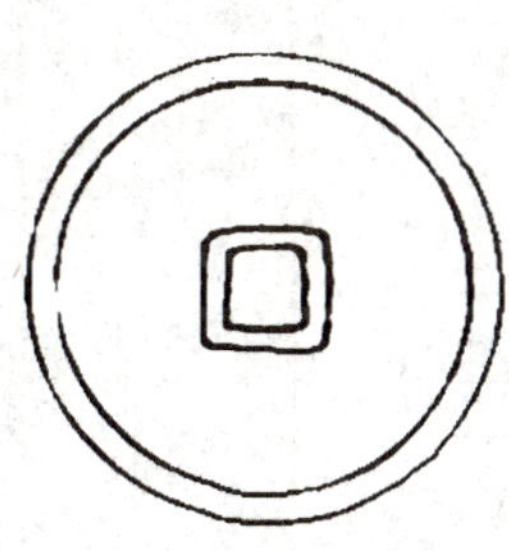

右理宗開慶通寶錢按寶祐七年改元開慶本紀開慶元年五月乙丑行開慶通寶錢

景定元寶

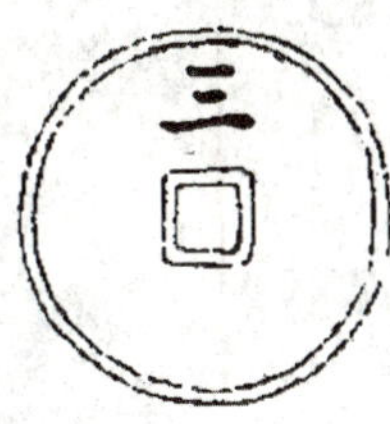
三

右理宗景定元寶錢按開慶二年改元景定王圻續通考景定元年九月詔鑄新錢以景定元寶為文

景定元寶

景定元寶

景定元寶

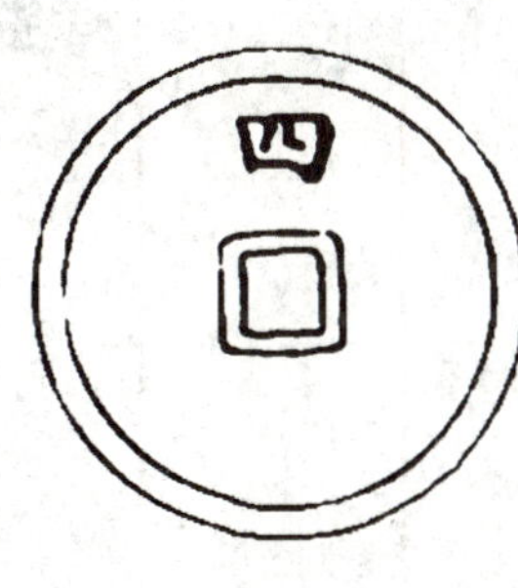
四

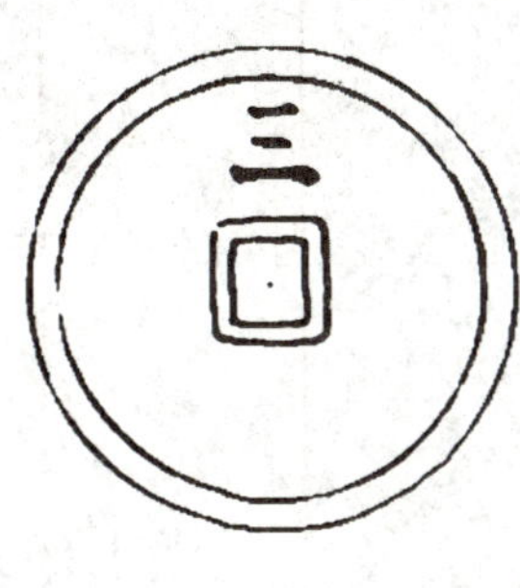
三

元

右景定元寳大錢三種

咸淳元寶
三
咸淳元寶
七

右度宗咸淳元寶大錢二種按景定六年度宗即位改元咸淳此錢背文三字七字攷咸淳七年元建國號越三年爲帝㬎德祐元年又一年景炎一年祥興而宋皆無復置監開鑄之事矣

臨安府行用

準叁伯文省

右錢牌一面曰臨安府行用一面準三百文省考元人孔行素至正雜記言南宋有錢牌長三寸有奇闊二寸令此尺度雖不同然為錢牌無疑曰省者建炎三年四月正官名合中書省門下省尚書省為一謂之知三省此葢三省所鑄也南宋自建都杭州升為府終南宋一百五十餘年皆稱臨安府此錢不審為何時造據此則南宋當二當三當五當百諸大錢而外又有準三百文之錢牌而志傳俱未之錄想未久即罷廢不行耳今附

入於南宋諸品之末可以補舊史之所未備

錢録卷十一

欽定四庫全書

錢録卷十二

右遼太祖天贊通寳錢按遼耶律按巴堅於後梁末帝貞明二年稱神冊元年至龍德二年改元天贊遼史食貨志鼓鑄之法先代色勒迪為額爾奇木以土産多銅始造錢幣太祖襲用之遂致富强以開帝業

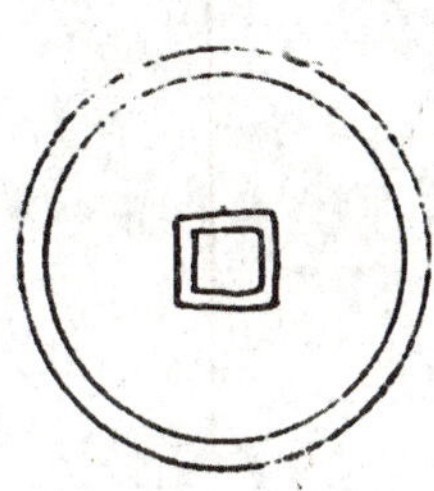

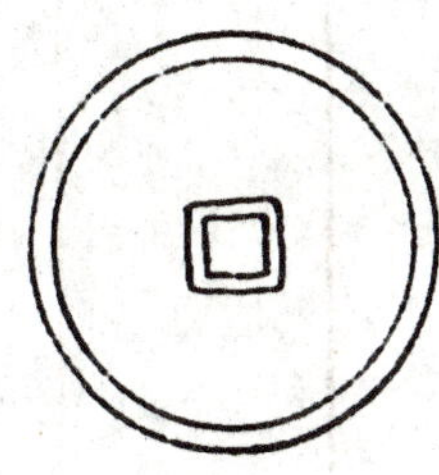

右二品篆文奇古洪志謂不知年代今按亦天賛二字

特左文讀耳

應曆重寶

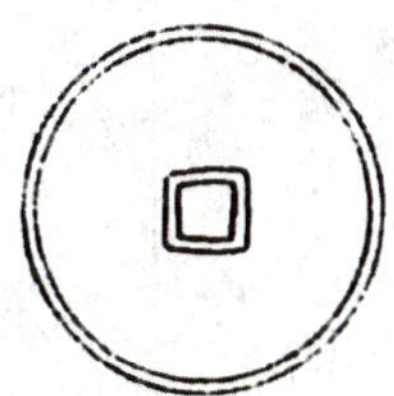

右穆宗應歷重寶錢遼史穆宗本紀天禄五年九月丁卯即位改元應歷今按是歲辛亥為後周太祖廣順元年也

乾
元
亨
寶

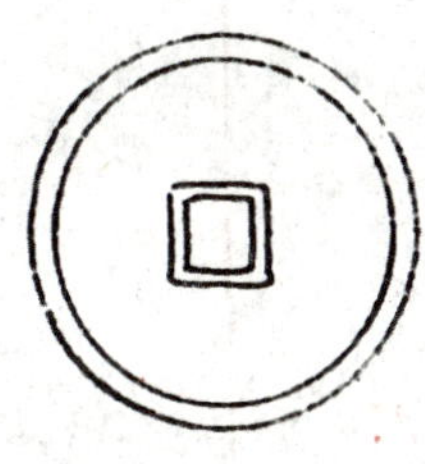

右景宗乹亨元寳錢按景宗保寧十一年改元乾亨是為宋太宗太平興國四年食貨志景宗以舊錢不足於用始鑄乾亨新錢錢用流布

太平元寶

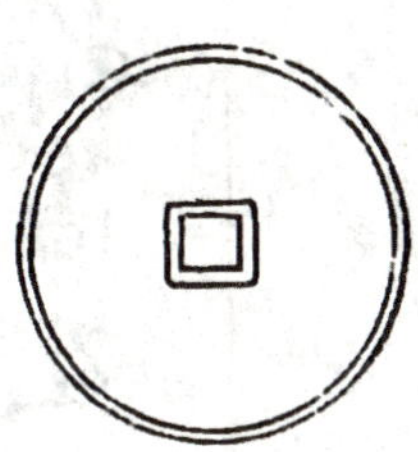

右聖宗太平元寶錢乾亨四年聖宗即位改元統和二十九年改開泰開泰元年改元太平則宋真宗天禧五年也按食貨志聖宗鑿大安山取劉守光所藏錢散諸五計司兼鑄太平錢新舊互用

太
平
興
寶

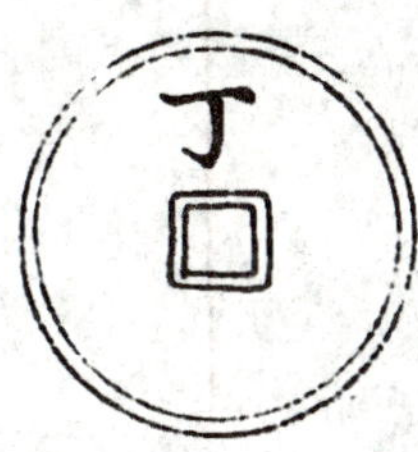
丁

右太平興寶錢與前元寶錢正相類曰興寶者或如石晉之天福鎮寶别為一種背文丁字疑即聖宗之太平七年歲在丁夘也洪志讀作大興平寶義未安

重
熙
通
寶

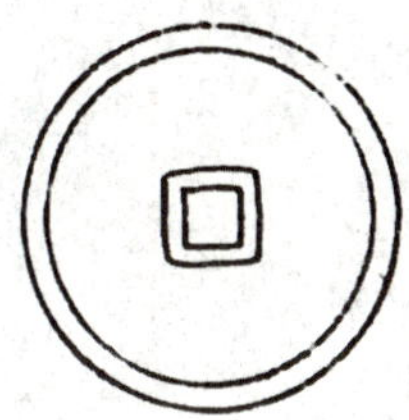

右興宗重熙通寳錢按宗仁宗明道元年為遼興宗景福元年次年遼改元重熙興宗本紀重熙二十二年閏七月己亥長春州置錢帛司

大康通寶

咸雍通寶

清寧通寶

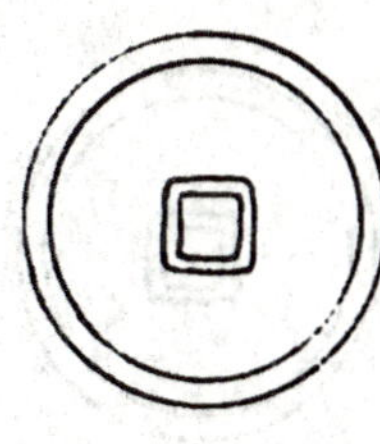

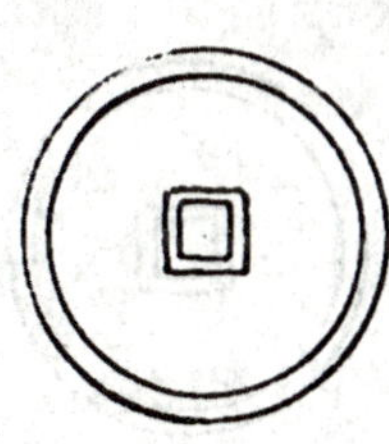

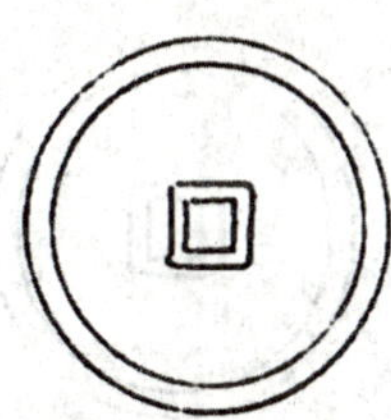

大康元寶

大安元寶

壽隆元寶

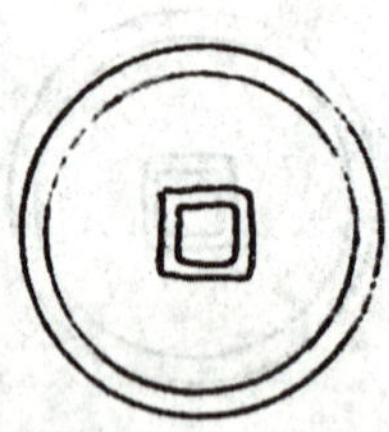

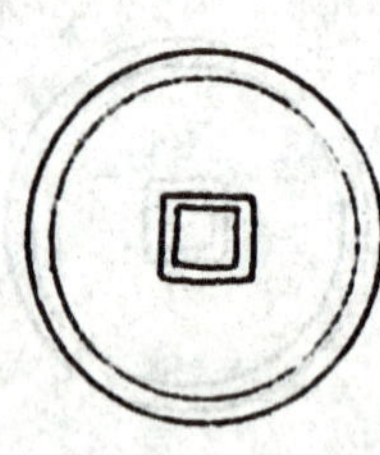

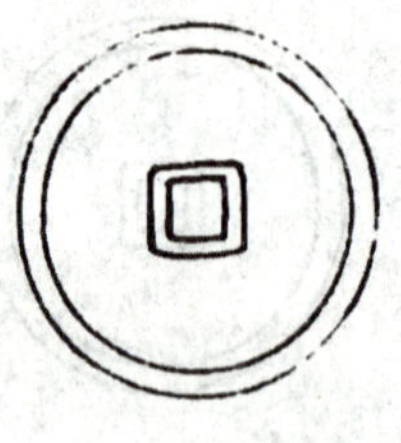

右道宗錢五種凡六枚大康有通寶元寶二品按道宗以重熙二十四年即位改元清寧清寧十年冬改明年為咸雍咸雍十年冬改明年為大康大康十年冬改明年為大安大安十年冬改明年為壽隆食貨志言道宗之世錢有四等曰咸雍曰大康曰大安曰壽隆皆因改元易名而不言清寧今此錢具在則清寧中葢亦嘗鼓鑄而史書軼之也

天慶元寶

乾統元寶

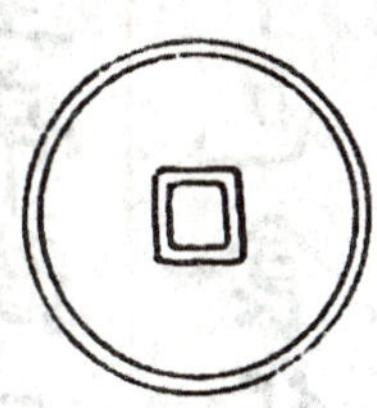

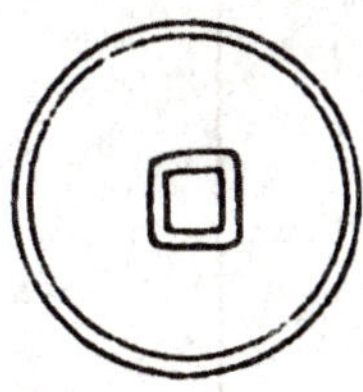

右天祚帝乾統天慶錢各一按天祚帝壽隆七年即位羣臣上尊號曰天祚皇帝改元乾統乾統十年改元天慶則宋徽宗政和元年也食貨志天祚之世更鑄乾統天慶二等新錢

壽昌元寶

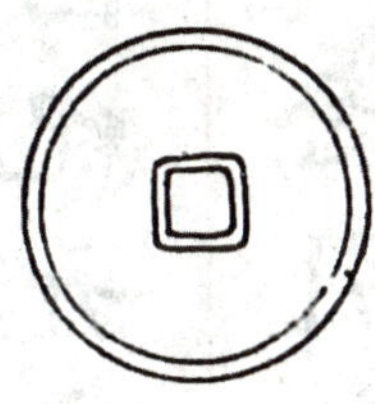

右西遼壽昌錢按李季興東北諸蕃樞要云契丹天祐年號壽昌今攷天祐帝則西遼耶律達實也據天祚帝紀百官冊立大石為帝號格爾干復上漢尊號曰天祐皇帝改元延慶無壽昌紀元之說豈正史失之而樞要所云或別有據歟至洪志引北遼通書曰天祚即位壽昌七年云云壽昌葢壽隆之誤耳

天
寶
感
元

天
寶
感
元

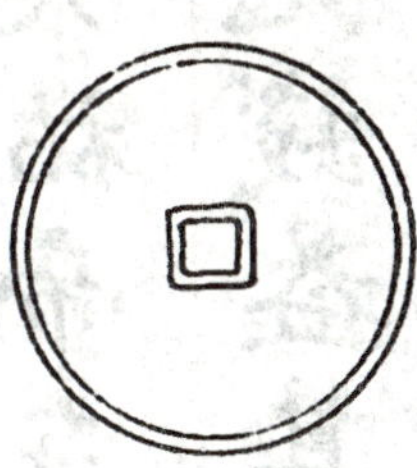

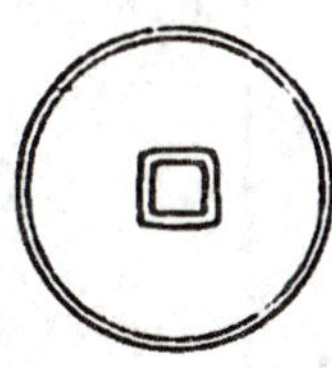

右小大二品舊譜及洪志俱謂不知朝代今自右及上讀之曰感天元寶按天祐帝在位二十年遺命皇后權國稱制號感天皇后此錢葢其時所鑄也

千秋萬歲

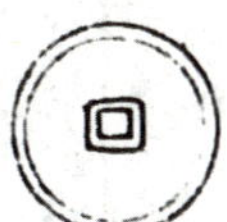

右千秋萬歲錢董逌曰亦遼國錢遼宋通使時其國人頗攜此錢入中國

天
二

右一種穿下字曰二右文近天字左文不可識規制篆

體類天贊錢疑亦初遼所鑄

大
千
通
寶

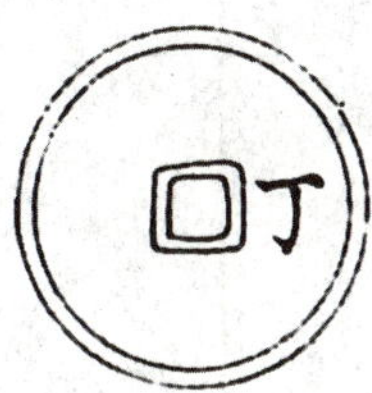
丁

右大千通寶錢通寶二字倒書之亦見洪志右文丁字

與大平興寶錢同

千

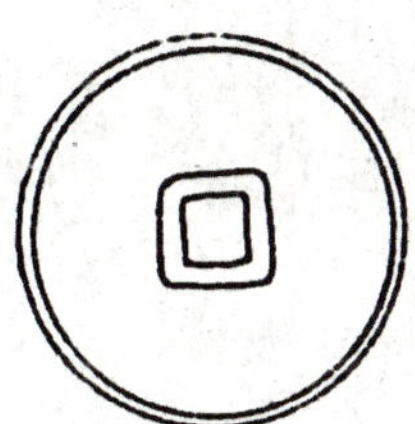

右千字錢李孝美曰體如遼錢疑其同出令併附於遼

代諸錢之後

天
盛
元
寶

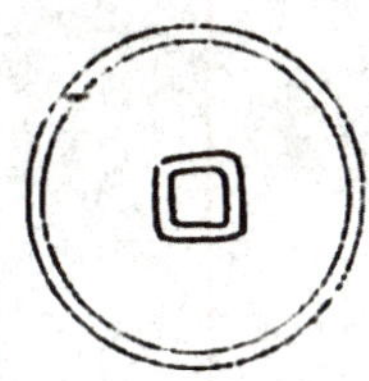

右夏仁宗天盛元寶錢按夏人慶六年改元天盛時則南宋高宗之紹興十九年而金煬王之天德元年也

正隆元寶

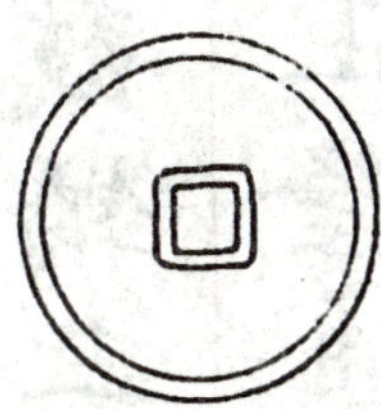

右金煬王正隆元寶錢按煬王天德五年改貞元貞元四年改正隆則宋紹興之二十六年也食貨志金初用遼宋舊錢天會末雖劉豫之阜昌錢亦用之至正隆二年閱四十餘歲始議鼓鑄三年中都置錢監二京兆置監一三監鑄錢文曰正隆通寶輕重如宋小平錢與舊錢通用

大定通寶

大定通寶

大定通寶

酉

申
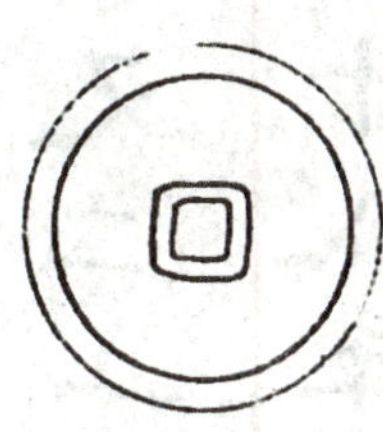

右世宗大定通寶錢背文曰申曰酉亦紀年也正隆六年世宗即位改元大定按史大定十年令户部流通官錢十五年諭宰臣增鑄新錢十八年代州立監鑄錢其文曰大定通寶文字肉好又勝正隆之制又二十年名代州監曰阜通又二十二年設官提控阜通監又二十三年以節度領監事又二十七年曲陽縣鑄錢别為一監以利通為名又二十八年京府及節度州增置流泉務葢金代鼓鑄惟是時最盛

泰
咊
重
寶

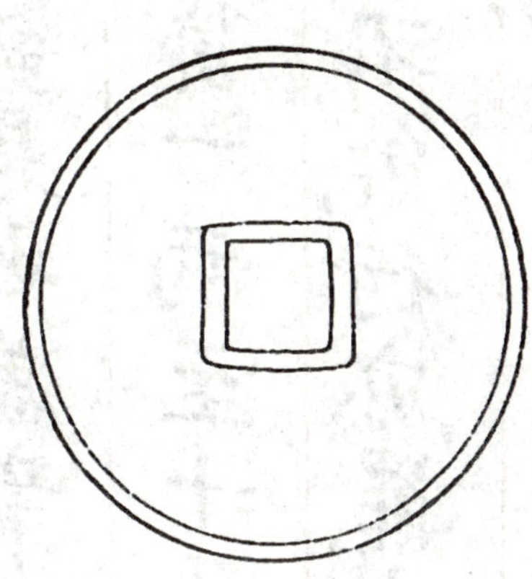

右章宗泰和大錢按宋寧宗慶元七年爲章宗泰和元年食貨志稱泰和四年八月鑄大錢一直十篆文曰泰和重寶與鈔並行此錢是也葢章宗即位罷鑄錢承安二年鑄銀名承安寶貨一兩至十兩分五等每兩折錢二貫尋以私鑄多濅不能行亦罷之至是始鑄錢計自明昌改元以來凡十二年無置監鑄錢之事

錢録卷十二

欽定四庫全書

錢錄卷十三

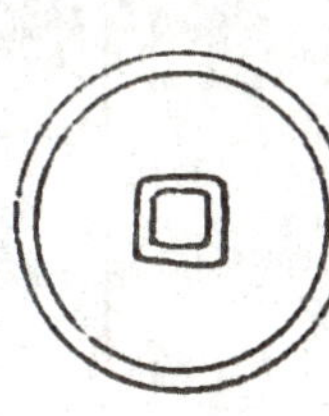

右元武宗錢二品前一品曰至大通寶楷書後一品曰大元通寶西番篆書按食貨志武宗至大三年初行錢法立資國院泉貨監以領之其錢曰至大通寶者一文準至大銀鈔一釐曰大元通寶者一文準至大通寶錢一十文

至
通
正
寶

至
通
正
寶

至
通
正
寶

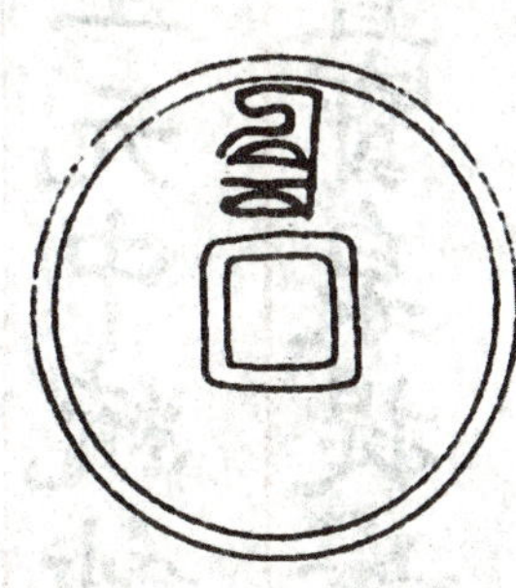

二

右順帝至正通寶錢凡三種以次遞小前一種及最小一種背文西番篆讀作巴納葢梵語錢字也其第二種背文上一字亦西番篆讀作額下楷書曰二葢當二耳

按史元世交鈔寶鈔皆印造錢文無鼓鑄之事惟武宗一置監鑄錢然仁宗皇慶元年即下詔廢不行所立院監巻皆罷革而專用至元中統鈔順帝至正十年丞相托克托始復建議開鑄置寶泉提舉司鑄至正錢與交鈔通用謂子母相權顧所鑄不能流通至其後乃並鈔亦

不行所在郡縣皆以物貨相貿易公私所積之鈔人視之若廢楮蓋自錢法澂而鈔法亦壞矣

大中通寶

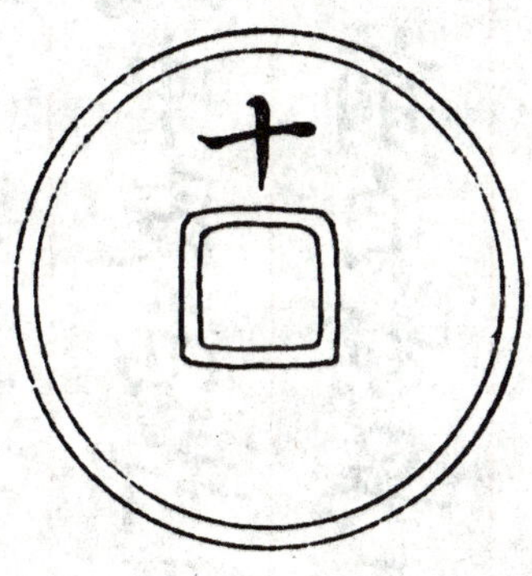
十

右明太祖大中通寶大錢按明會典太祖初置寶源局於應天鑄大中通寶錢及平陳友諒命江西行省置貨泉局頒大中通寶錢大小五等錢式此其大錢也明太祖始建國號意在大中既而祈天乃得大明故當時錢文有此葢未紀元以前自稱吳王時所鑄耳

洪
通
武
寶

洪
通
武
寶

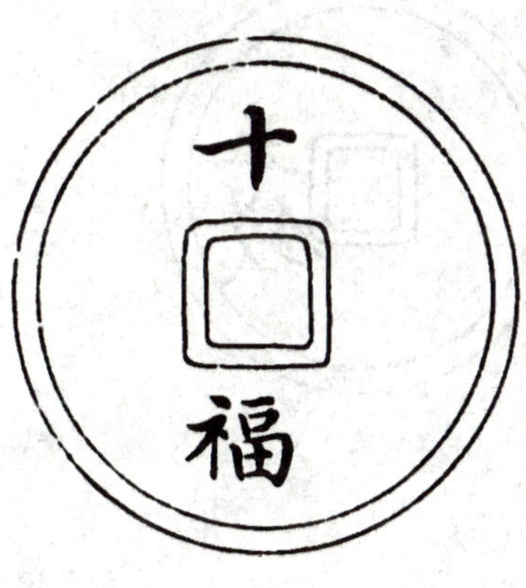
十
福

十
浙

洪
武
寶
通

洪
武
寶
通

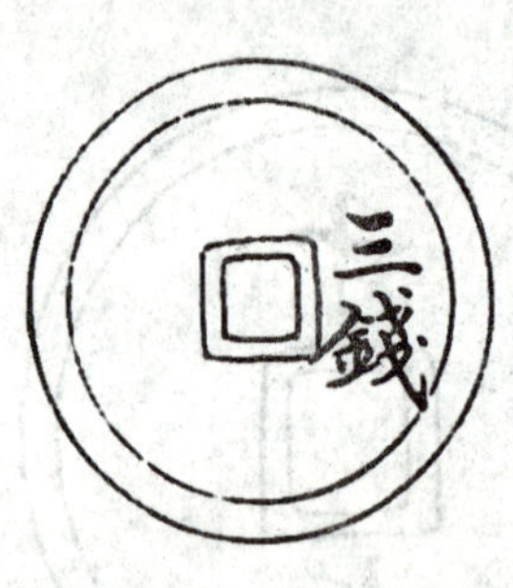
三錢

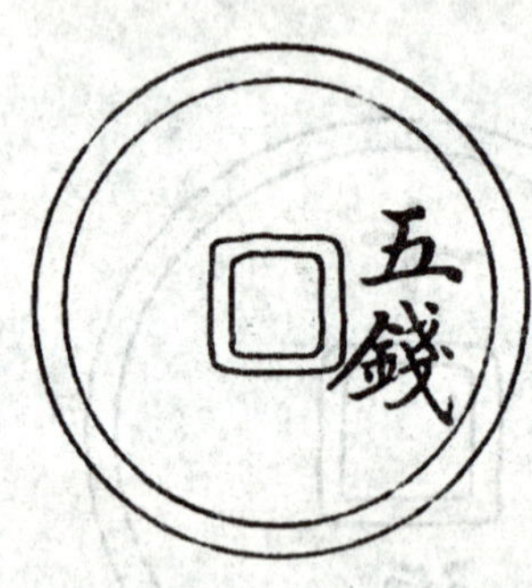
五錢

洪武通寶

二錢

洪武通寶

一錢

右太祖洪武通寳錢五品凡六枚背文曰十曰五錢曰三錢二錢一錢按會典太祖即位令户部及各行省鑄洪武通寳錢其制為五等當十錢重一兩當五重五錢當三當二重如其當之數小錢重一錢首二枚背文有浙字福字葢各行省所記如唐會昌錢制也

洪
通
武
寶

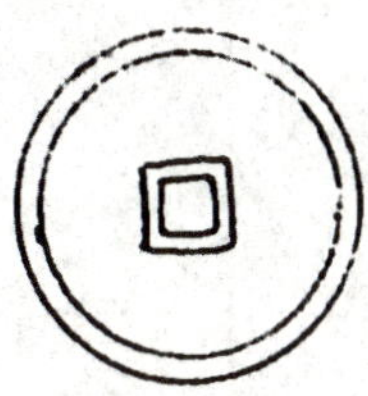

右洪武通寶小錢按洪武四年改鑄小錢此錢背無文較前五等式小錢稍重而肉好更工緻

永樂通寶

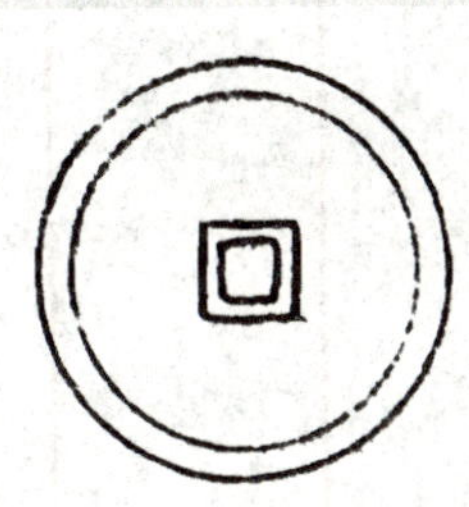

右成祖永樂通寶錢按會典永樂九年鑄

洪
通
熙
寶

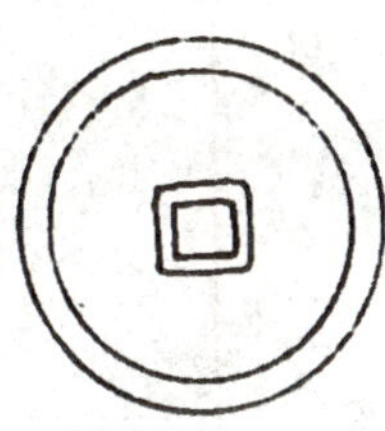

右仁宗洪熙通寶錢

宣德通寶

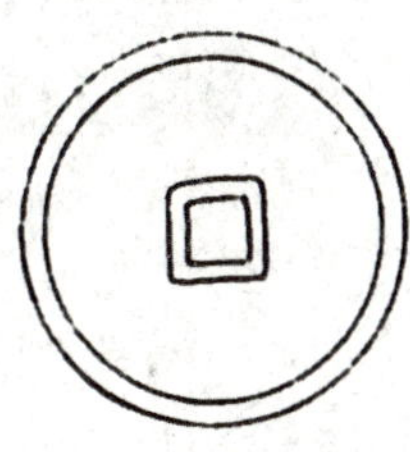

右宣宗宣德通寶錢按會典宣德九年鑄

正統通寶

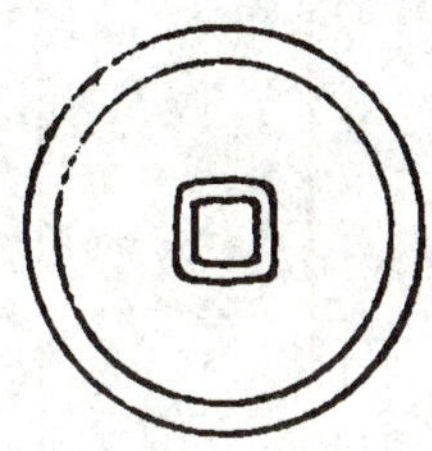

右英宗正統通寶錢

天
順
通
寶

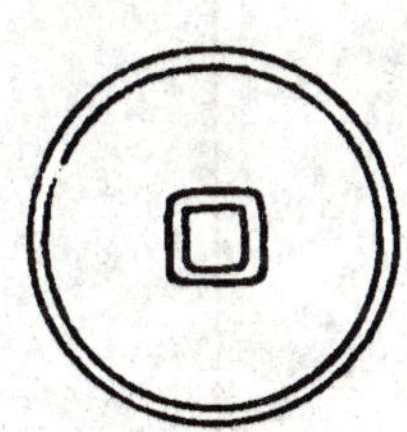

右英宗天順通寶錢

成
通
化
寶

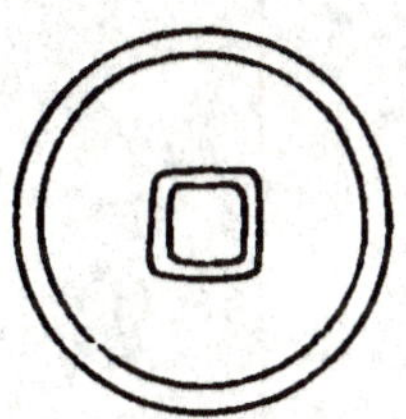

右憲宗成化通寶錢

弘治通寶

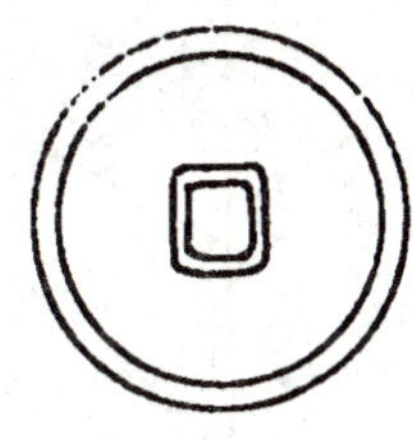

右孝宗弘治通寶錢按會典弘治十六年鑄

嘉
通
靖
寶

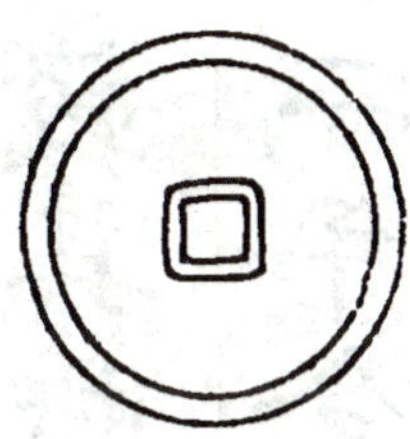

右世宗嘉靖通寳錢按會典嘉靖六年題准鑄造嘉靖通寳錢事例七年鑄嘉靖通寳錢又差官於河南閩廣鑄造嘉靖通寳錢三十四年題准雲南鑄錢事例四十四年寳源局鑄嘉靖錢其時所鑄錢有金背火漆鏇邉三種又按嘉靖三十二年令照新式鑄洪武以下紀元九號錢云云今攷仁宗英宗憲宗諸朝其鼓鑄事蹟悉别無明文然則以上洪熈正統天順成化等錢葢皆嘉靖時所補鑄而景泰以出廟遂獨無錢文也

隆慶通寶

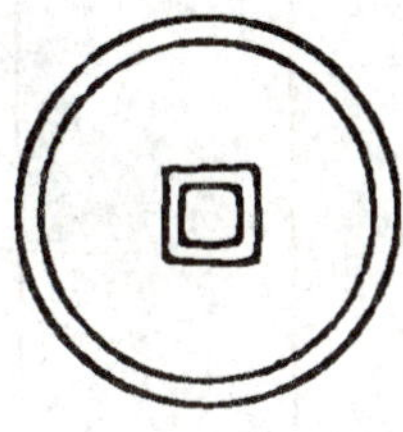

右穆宗隆慶通寶錢按會典隆慶四年鑄𦤺明初沿宋元之舊錢鈔互用至弘治後多用銀而鈔法不行惟俸錢獨支鈔如故至是時始以新鑄隆慶錢給京官俸云

萬
通
歷
寶

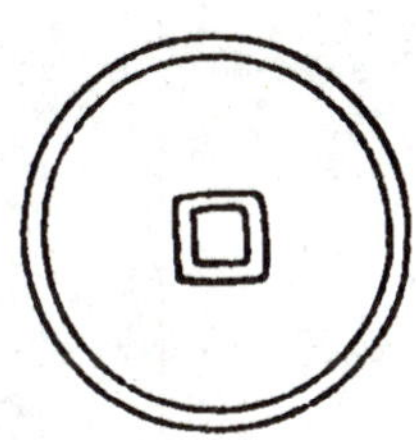

右神宗萬歷通寳錢按會典萬歷四年命户工二部准嘉靖錢式鑄萬歷通寳錢金背火漆一文重一錢二分五釐鏇邊一文重一錢三分又命十三布政司南北直隸俱開局鑄錢

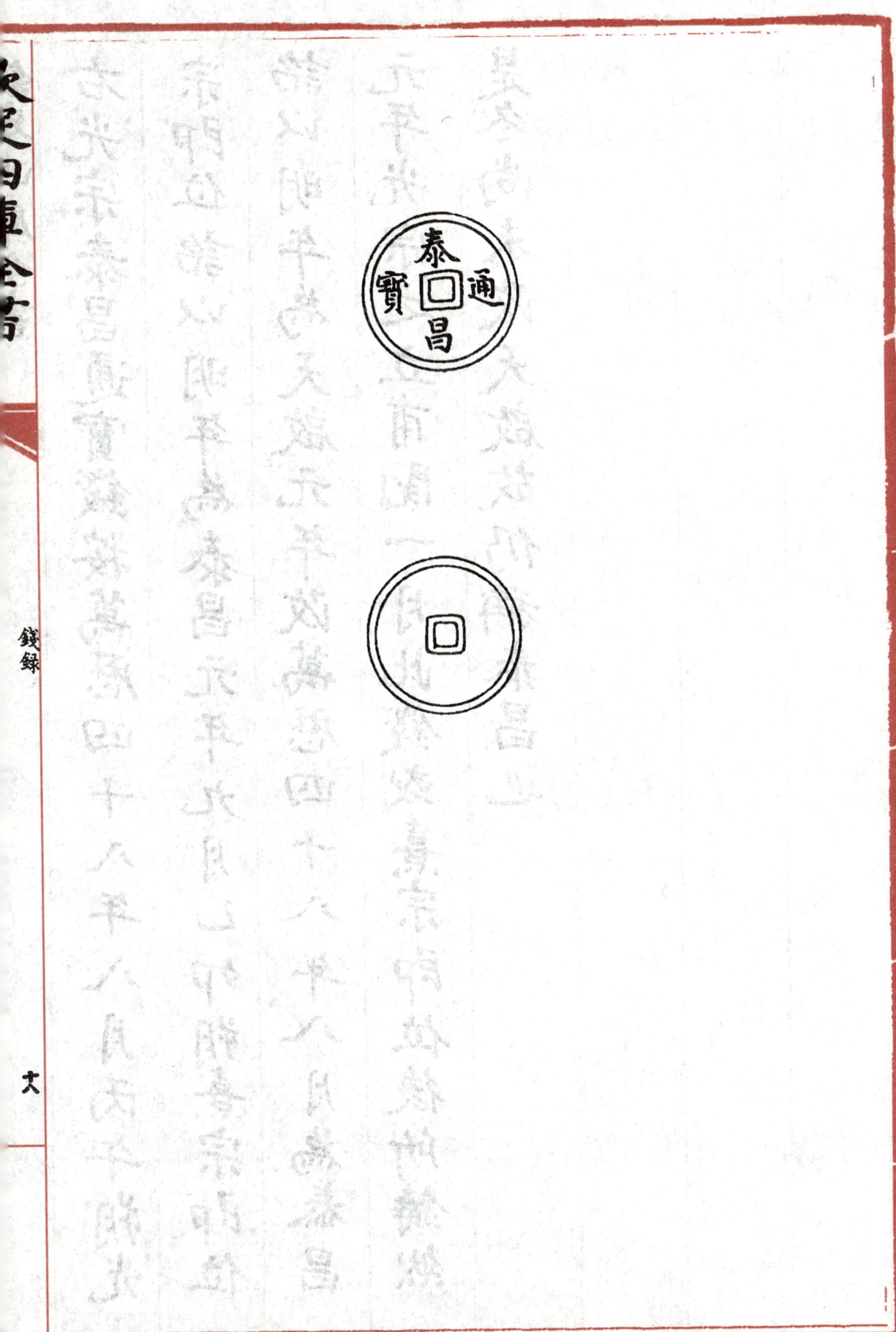
泰昌通寶

右光宗泰昌通寶錢按萬歷四十八年八月丙午朔光宗即位詔以明年為泰昌元年九月乙卯朔熹宗即位詔以明年為天啟元年改萬歷四十八年八月為泰昌元年光宗之立甫閲一月此錢或熹宗即位後所鑄然是冬尚未改天啟故仍稱泰昌也

天啓通寶

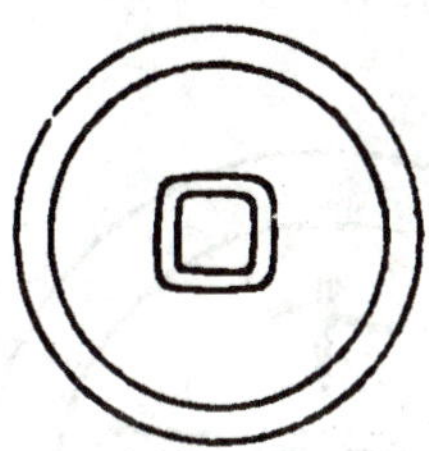

天啓通寶

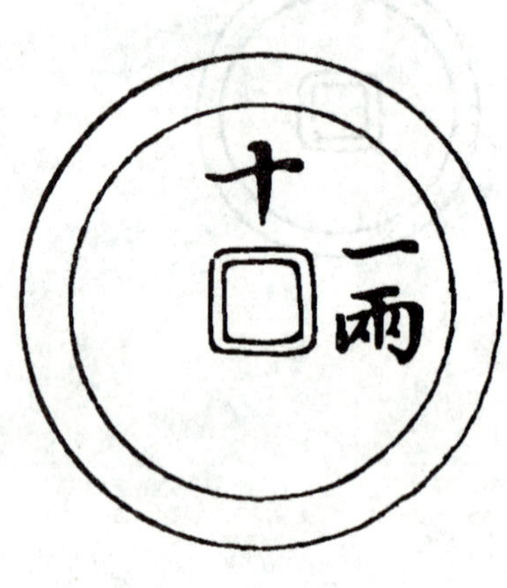
十
一兩

右熹宗天啓通寶錢二品小者制如泰昌錢大者背文穿上有十字旁曰一兩按是時兵部尚書王象乾請鑄當十當百當千三等大錢倣白金三品之制於是兩京皆鑄大錢後有言大錢之弊者詔南京停鑄大錢收大錢發局改鑄則此錢旋鑄旋罷固未嘗行使也

崇禎通寶

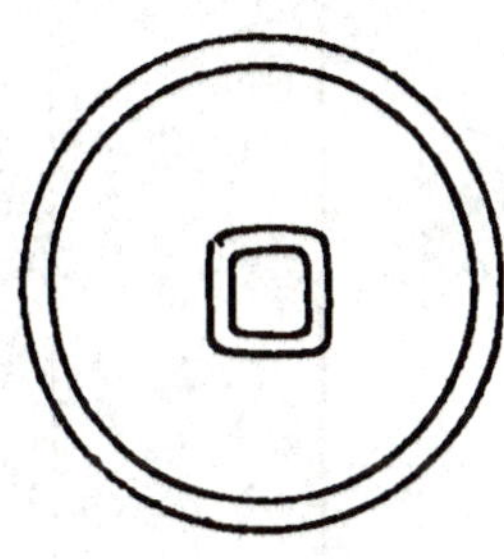

崇禎通寶

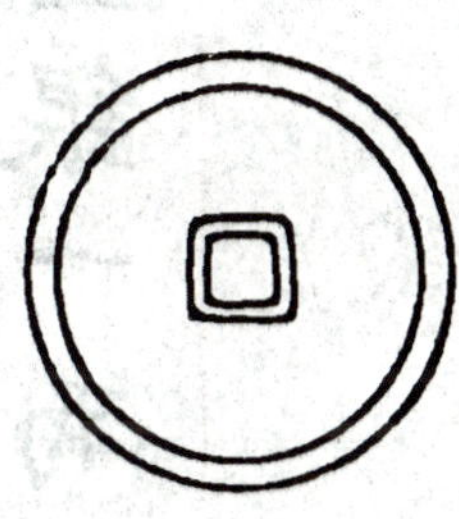

右莊烈帝崇禎通寳錢二品徵有小大按是時定錢式每文重一錢每千直銀一兩南都所鑄輕薄乃定每文重八分此二錢是也

崇
通
禎
寶

監
五

右崇禎通寳錢錢背文有監字五字按莊烈帝末年勅鑄當五錢此錢葢當五也

錢録卷十三

欽定四庫全書

錢録卷十四

右罽賓國錢前漢書罽賓國王治循鮮城去長安萬二千二百里以金銀為錢文為騎馬幕為人面自武帝時始通中國

右烏弋山離國錢前漢書烏弋山離國去長安萬二千二百里東與罽賓國接自玉門陽關出南道歷鄯善而南行至烏弋山離南道極矣其錢文為人頭幕為騎馬

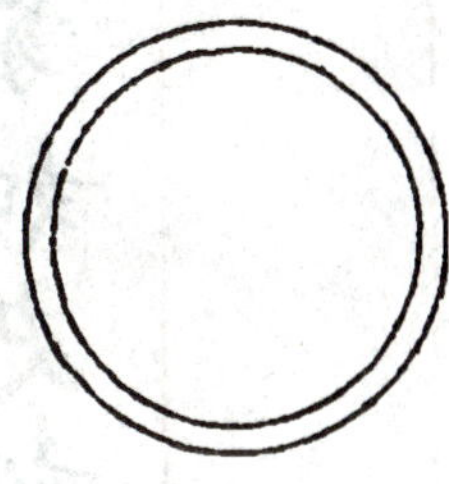

右安息國錢前漢書安息國王治番兜城去長安萬一千六百里東與烏弋山離國接亦以銀為錢文為王面幕為夫人面而史記大宛傳只言錢如其王面此錢為人面而幕文無形象如史記說

右大月氏國錢前漢書大月氏國王治監氏城去長安萬一千六百里民俗錢貨與安息同此錢為人面幕文如之意所謂幕為夫人面也又拾遺記三瞳國金幣效國王之面亦效王后之面又云軒渠國貨幣同

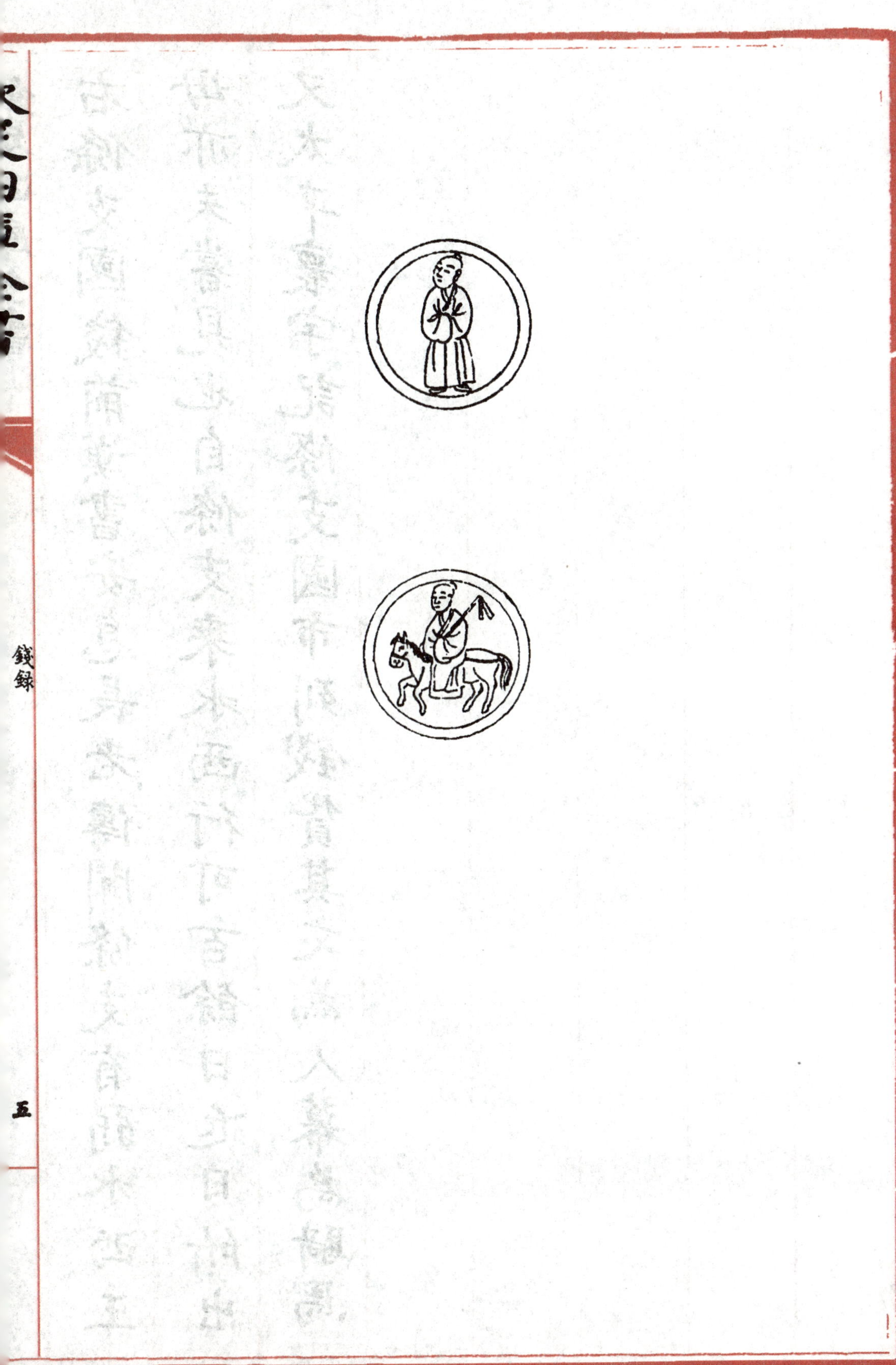

右條支國錢前漢書安息長老傳聞條支有弱水西王母亦未嘗見也自條支乘水西行可百餘日近日所出又太平寰宇記條支國市列錢貨其文為人幕為騎馬

右何國錢隋書何國都阿䆠水南數里舊是康居之地

大業中遣使貢方物洪志云何國錢以銀為之不開孔

文為人面背為艸木狀

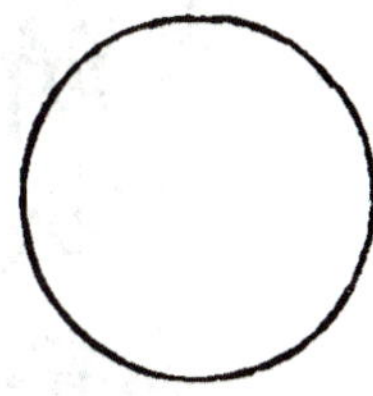

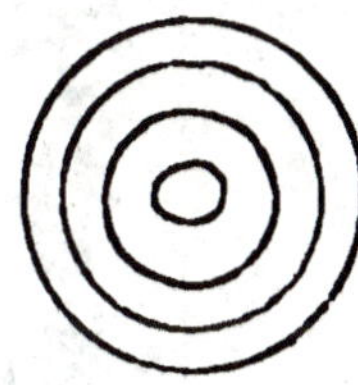

右拔汗國錢隋書作鏺汗云在蔥嶺之西五百餘里古渠搜國也新唐書拔汗至天寶三年改其國號寧遠洪志曰拔汗錢以金為之無文字又一種有三旋文並不開孔今所收面無文字背為三旋文

右康國錢舊唐書康國即漢康居國也其俗生子以明膠置掌内言掌持錢如膠之黏物而洪志引徐氏譜云以銀為錢徑九分不開孔背面皆作人面形面文側而背文正面文繞以連珠之狀今此品適合

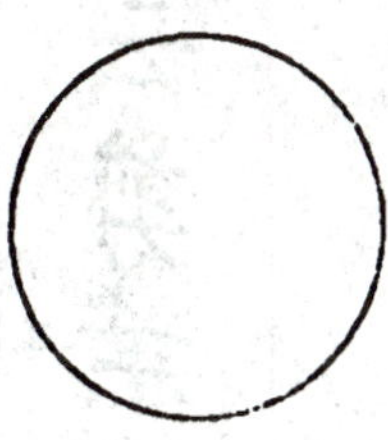

右闍婆國錢面曰一文新唐書訶陵亦曰社婆曰闍婆有文字以貝多葉寫之宋史闍婆國在南海中剪銀葉為錢博易官以粟一斛二斗博金一錢今按此錢輕甚不類鑄造葢宋史所云剪葉為之者

古泥婆羅國錢舊唐書泥婆羅國在吐番西以銅為錢面文為人背文為馬牛不穿孔新唐書並同又洪志引西域記曰泥婆羅出赤銅

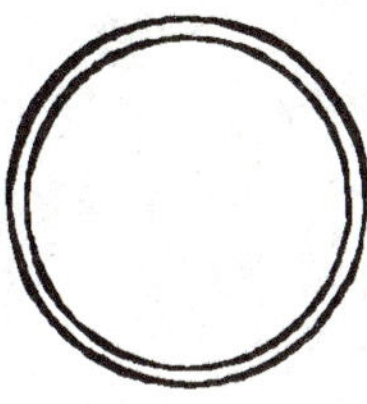

右大食國錢舊唐書大食國在波斯之西又廣州記曰生金出大食國凡諸貿易並使金錢洪志云此錢以金為之面文作象形形制甚小

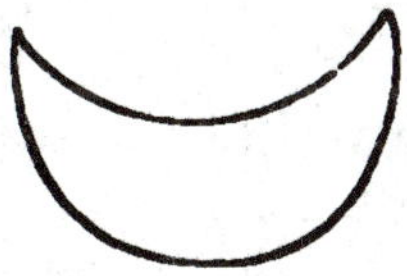

右驃國錢新唐書驃古朱波也自號突羅朱闍婆以金銀爲錢形如半月號登伽佗亦曰足彈陀今所收只銀錢一種

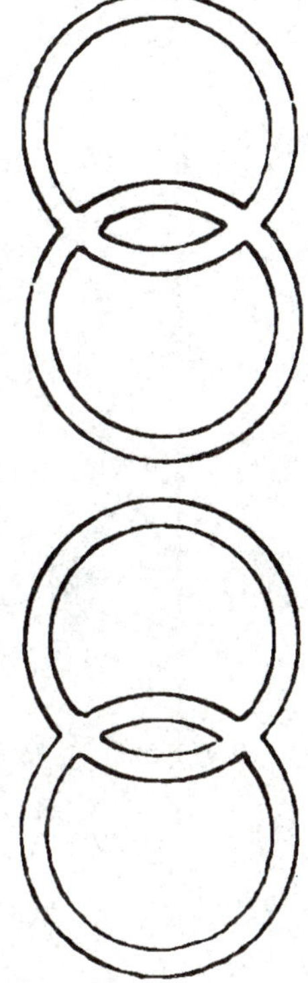

右碎葉國錢洪志曰鑌鐵爲之形如連環聖歷中御史封思業使西域得之按新唐書西域傳出西安南地千里東曰熱海西有碎葉城

右天竺國錢新唐書天竺漢身毒國也或曰摩伽陀曰波羅門宋史波羅門僧永世自云本國市易銅錢圜徑如中國之制但實其中不穿貫洪志載天竺錢亦不穿貫面無文與此錢合

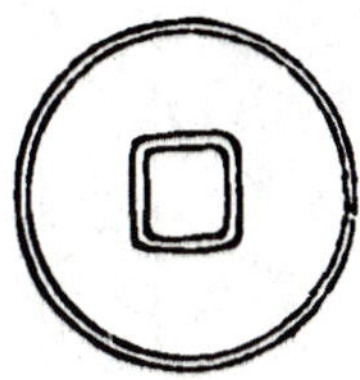

右梵字錢一　洪志曰此錢銅色純赤文不可辨太抵類

屋駄吐　番錢今按此錢葢以赤銅為之與泥婆羅錢同

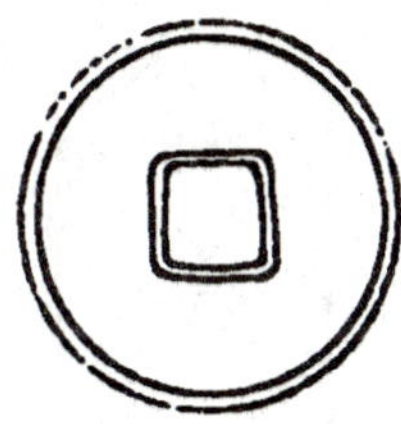

右梵字錢二俱不可識或曰後一種為空界是雲四字

洪氏圖一為屋馱國錢一為吐番錢按屋馱即伏陀近

吐番並西域境多浮屠文字吐番與唐世為昏姻故其

錢背文有甲痕仿開元也然於諸史皆無證今附入於

天竺錢之後

延喜通寶

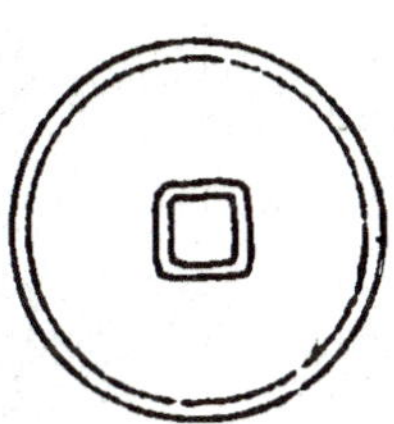

右倭國延喜通寳錢詳見洪志按舊唐書倭國者古倭奴國也去京師萬四千里頗有文字俗敬佛法

神
開
功
珍

輪
開
局
珍

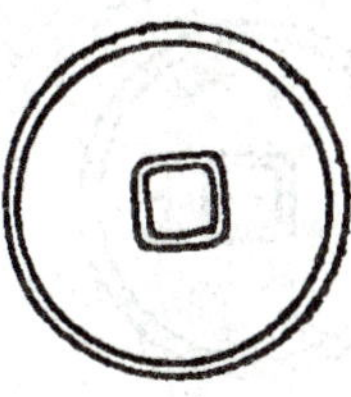

隆
永
平
寶

萬
通
寶

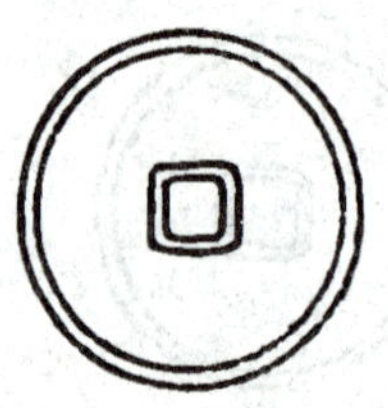

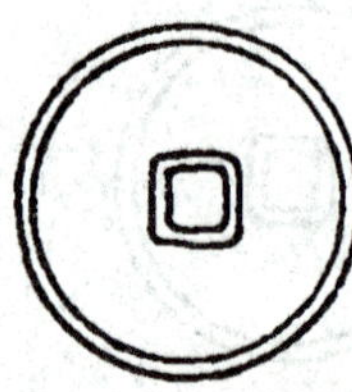

右日本國錢四種曰和同開珍曰神功開珍曰萬年通寶曰隆平永寶皆隷書洪志引舊譜言並徑寸重五銖

按新唐書言倭惡其名更號日本咸亨元年遣使來賀自云近日所出以為名或云日本乃小國為倭所並冐其號則日本即倭耳故宋祁不别為倭國傳

乾元重寶

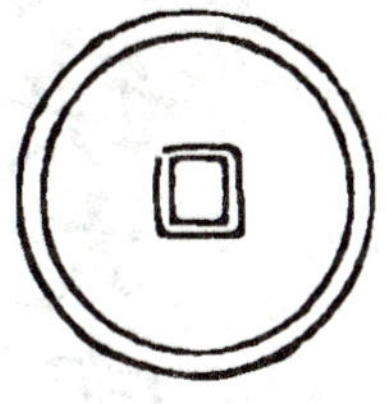

右日本國乾文錢宋史雍熙元年日本國僧奝然與其徒五六人泛海而至獻銅器十餘件并國圖職貢今王年代紀各一卷奝然善隷書云其國交易用銅錢文曰乾文大寳按今所收錢缺大字如洪氏圖亦隷書與前四種同

三
通
韓
寶

海
東
重
寶

海
東
通
寶

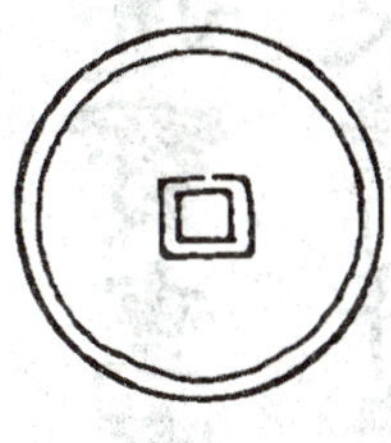

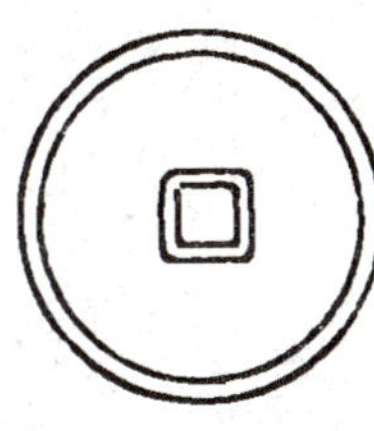

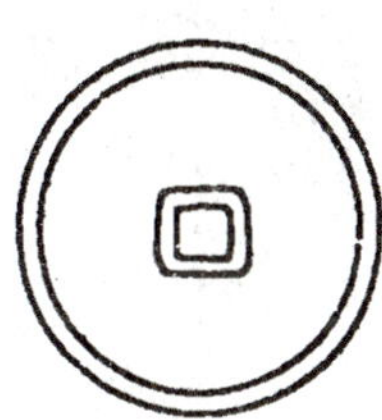

右高麗國錢三種宋史高麗一曰高句麗地産銅崇寧後始知鼓鑄有海東通寶重寶三韓通寶三種錢又按朝鮮史畧三韓馬韓辰韓弁韓也

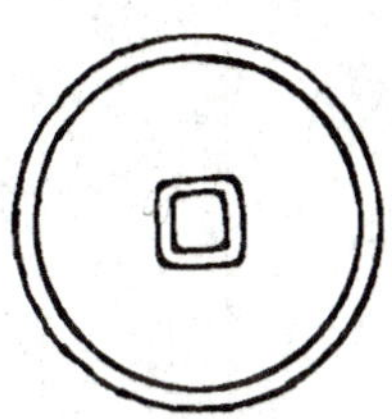

右篆書海東通寶錢洪志有此引雞林類事云通寶錢有篆文者製作特精

東國重寶

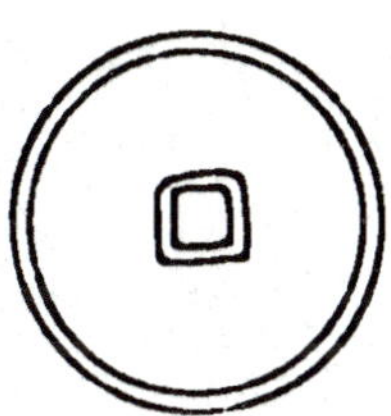

右東國重寶錢董遹洪志並謂高麗所鑄

黎

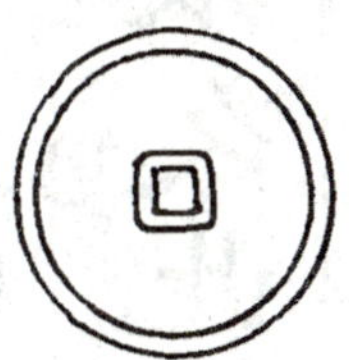

右交趾黎字錢宋會要載秘書丞朱正臣言前通判廣州時交州人貿易多携黎字錢及砂蠟錢按宋史太平興國八年黎桓自稱權交州三使留後雍熙三年賜桓節鉞蓋黎氏據交趾最久此錢穿下黎字記所鑄也

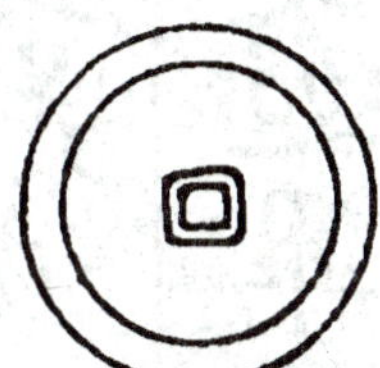
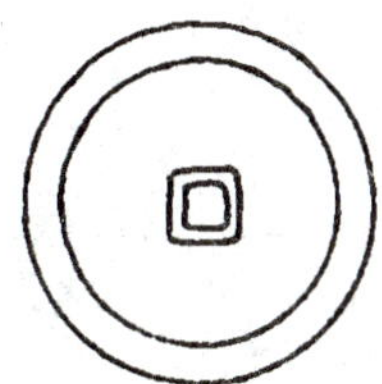
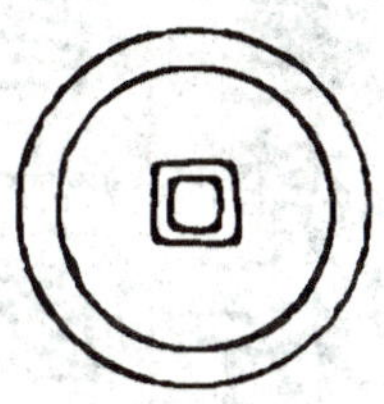
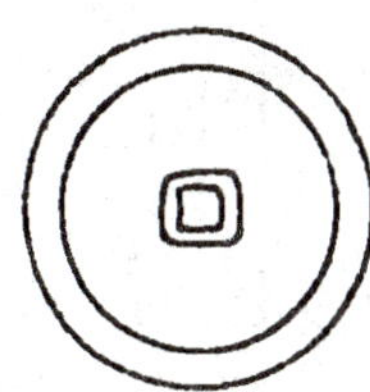

右無文金銀錢按巴氏佽氏賨氏小月氏大秦國東沃沮阿鉤羌波斯國高昌女國于闐杜薄新羅佛尼阿耆尼屈支迦畢試覩貨邏梵衍三佛齊層檀南毗俱以金銀為錢悉無文而莫可分别今各録一品不敢如洪氏强為綴屬也

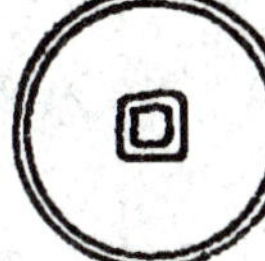

右無文小銀錢按新唐書投和在真蠟之南以農商自業銀作錢類楡莢此小錢倘是耶

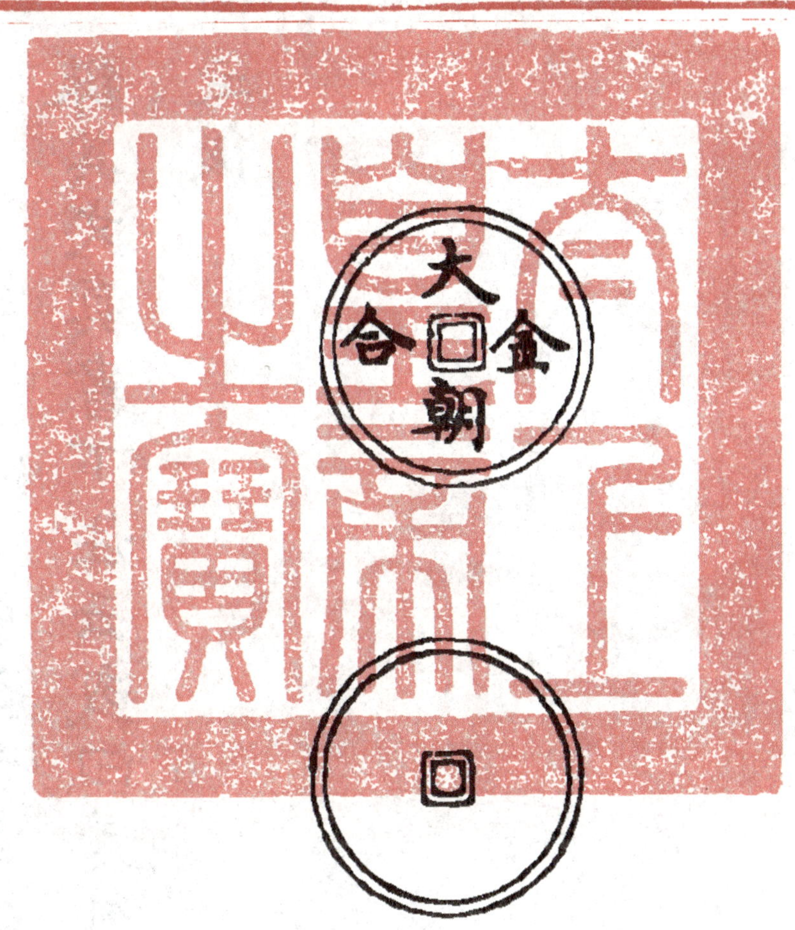
大朝金合

右一品洪志有之引李孝美說此錢徑寸五分重十五銖其文真書下注云或曰是外國鑄今録於異域諸錢之後

錢錄卷十四

欽定四庫全書

錢録卷十五

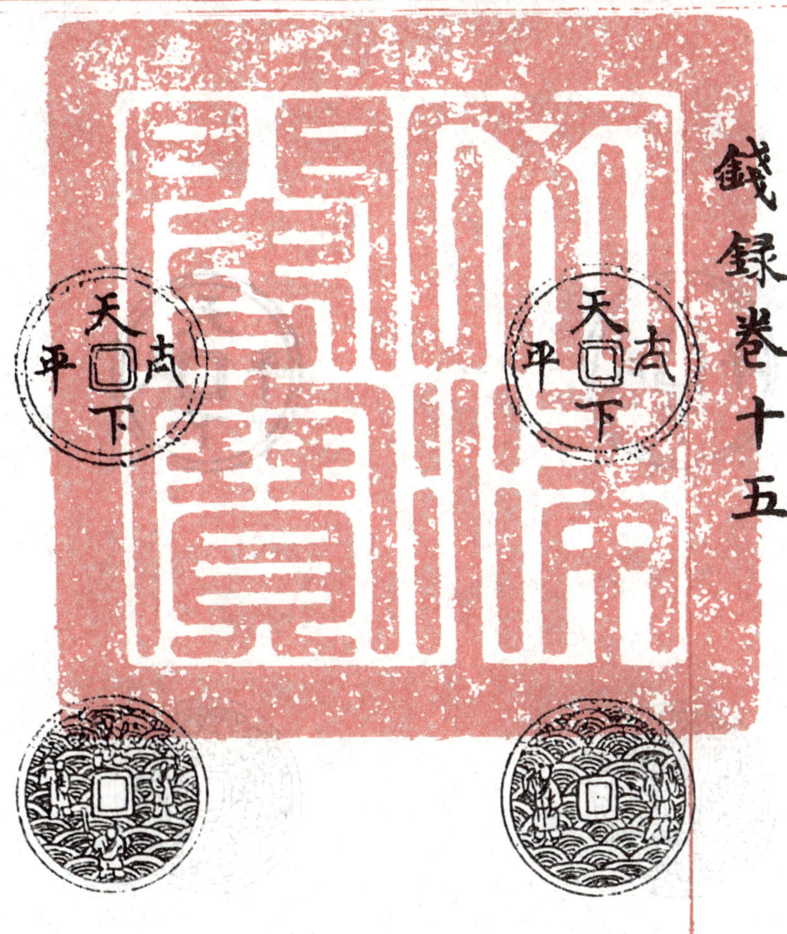

天
太
平
下

天
太
平
下

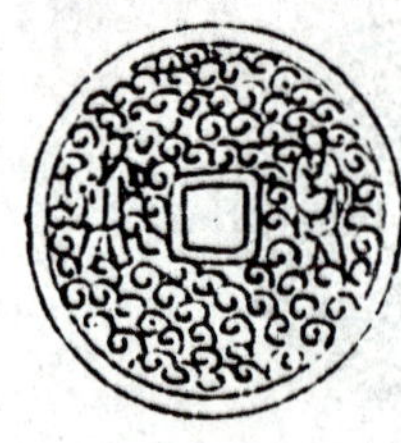

右四品文俱曰天下太平背作水紋及迴波或二人或四人九人皆如舞蹈狀形容太平之樂事紀盛德也

天帝萬歲

永傳壽康

右一品李孝美謂文曰皇帝萬歲曰忠孝傳家洪志所録有此錢按前漢書高帝紀殿上羣臣皆稱萬歲稱天子曰萬歲始此

長
命
富
貴

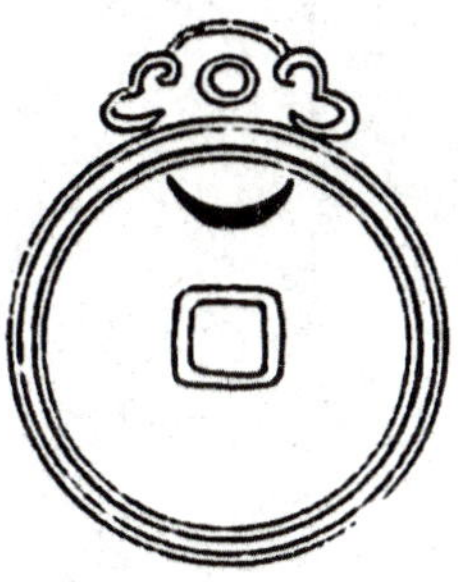

右一品文曰長命富貴背文有仰月形按崇高莫大矛

富貴富貴二字相聯屬始此又風土記端午造百索繫

臂名長命縷

長
命
富
貴

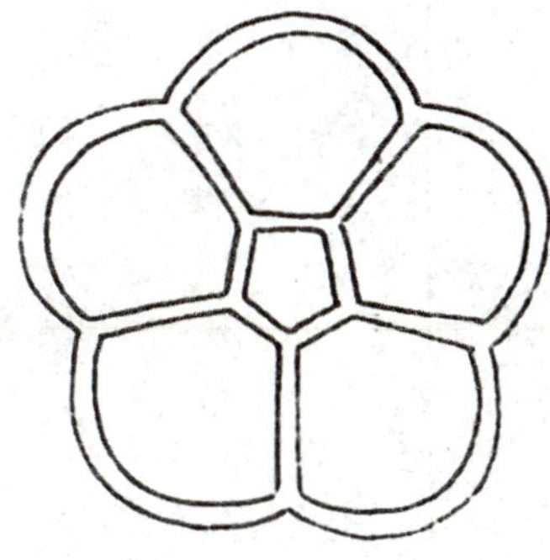

右一品文曰長命守富貴李孝美曰見此錢於汝海王霖家

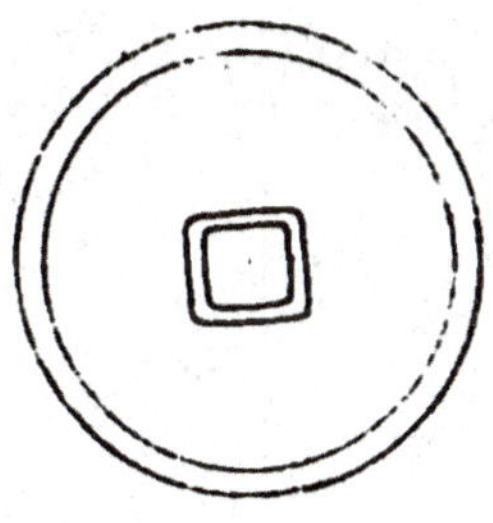

右一品文曰五男二女三公九卿按周禮揚州其民二男五女又五男二女見東京夢華録三公九卿語本禮記又三公上應垣宿九卿下括河海後漢李淑語也

五
男
二
女

五
男
二
女

右一品文亦曰五男二女面背同

右一品文曰金玉滿堂老子道德經說也背文作雙螭董逌謂有所謂異錢雖不見於傳記然制作之近古者錄之如李唐撒帳錢其文曰長命富貴金玉滿堂忠孝傳家五男二女天下太平云云以上數種皆是按唐睿宗女荆山公主出降鑄金銀錢撒帳故董逌謂李唐撒帳錢然此則並以銅爲之特仿其制度耳今内府所收正用諸品而外岐出不同亦莫識其何所用之如洪志奇品神品諸類併著之於國亦好古者所不廢也

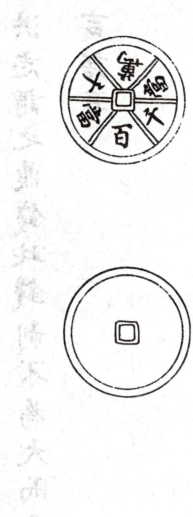

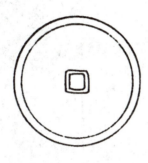

右一品文六岀六字按晉書石勒載記建德校尉王和掘得一鼎容四斗中有大錢三十文曰百當千千當萬故洪志謂之鼎錢此錢制不為大而文同葢後人仿造取吉語耳

百
歲

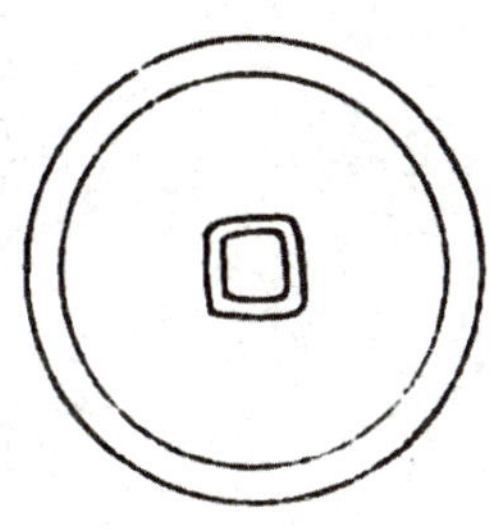

右瑞錢按南齊祥瑞志泰始中世祖治盆城得一大錢文曰太平百歲此文同

歸
聖
于
帝

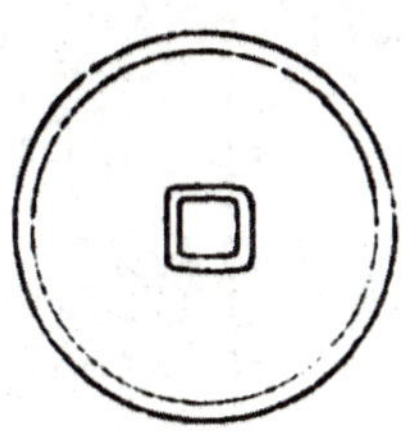

右瑞錢按三國典略北齊文宣帝即位廣宗郡獻瑞錢文曰歸于聖帝此文同

長
太
年
寶

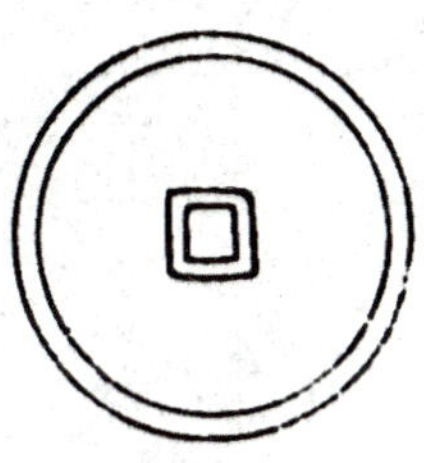

右一品洪志謂之長年錢文曰長年太寶按宫閣記未央宫有宣明長年温室昆明四殿又唐書禮樂志玉牒以通意於天或祈長年錢文蓋祈年意也

五
銖

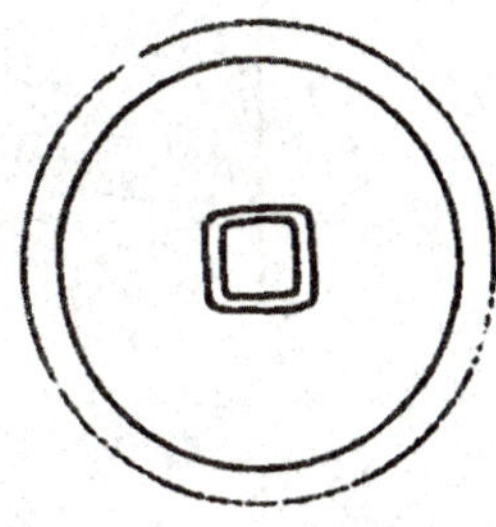

右一品仿五銖制古文曰五銖穿上下横出君宜侯王
四字猶詩稱宜君宜王耳

定
生
貴
子

十

右一品文曰定生貴子按公羊傳子以母貴母以子貴則貴子其說已古非近代語也

右一品一面曰日入千金一面曰長毋相忘按公羊傳注百金猶百萬也古者金重一斤若今萬錢又史記平準書注黄金一斤直萬錢非也秦以一鎰為一金漢以一斤為一金云云今人但知以二十四銖為一金因録此錢併誌之

清
樂

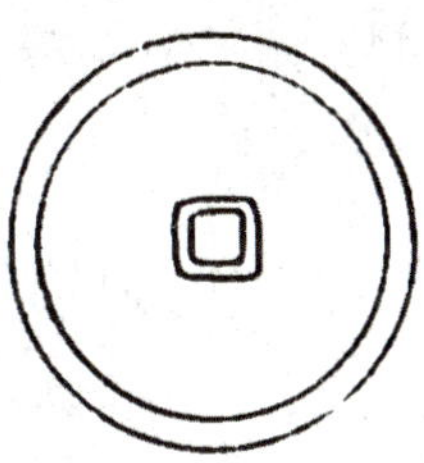

右一品洪志謂之豐樂錢李孝美曰有辯古今者謂是

天清豐樂四字亦吉語也

千
秋
萬
歲

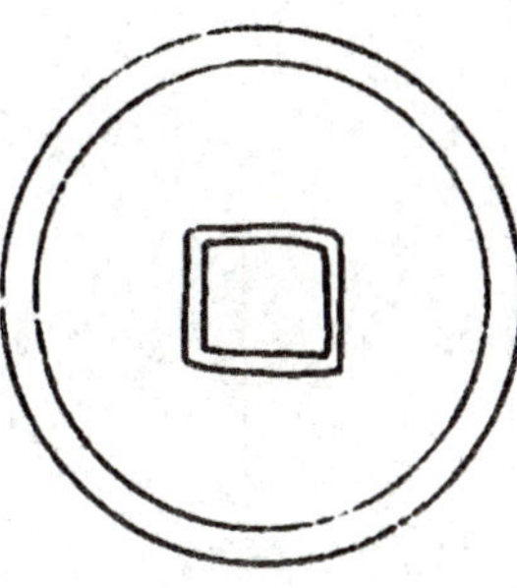

右一品文曰千秋萬歲背文夷漫

千
萬
秋
歲

右一品文與前同一面作蟠龍抱珠之狀

右龍鳳錢二種背文一作翔鶴四一為四人各執刀楯之象象武舞也

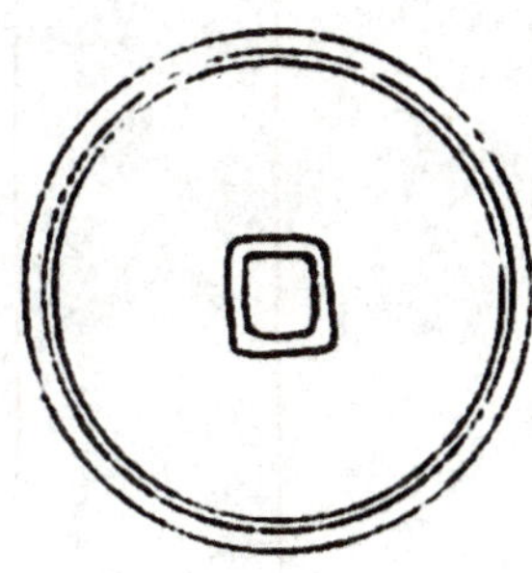

右龍鳳重輪錢永通泉貨用南唐後主錢文也

右龍鳳錢刻鏤瓌瓏面背無異

右雙龍錢二種微有大小俱空縷與前品同

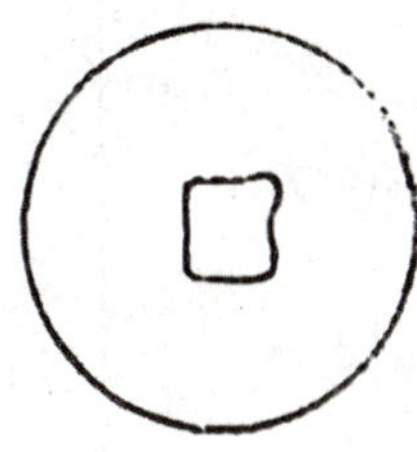

右雙龍錢面文凸起背無文

右雙鳳錢空鏤面背同

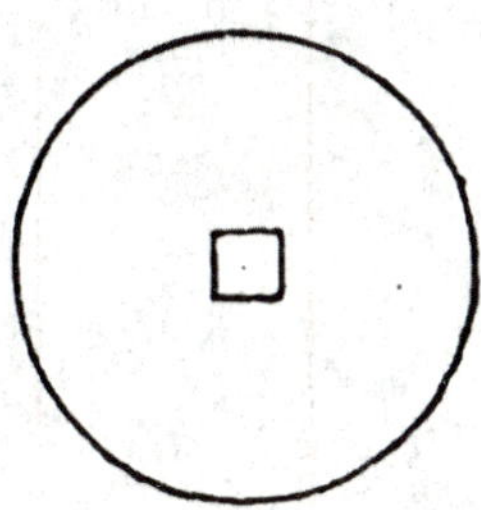

右雙鳳錢

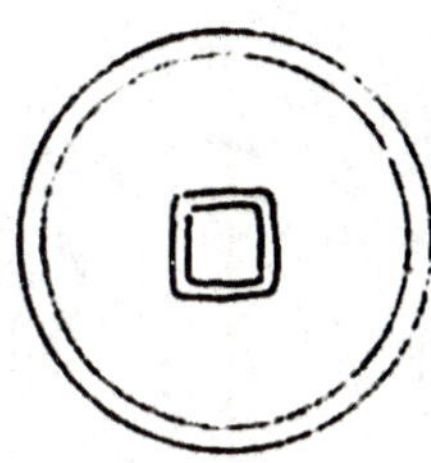

右龍文錢

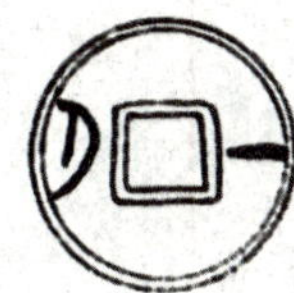

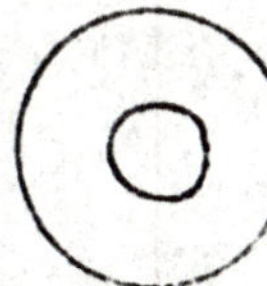

右一畫龍文錢與前品並如洪志所録

右一品一面為龍鳳各一一面為雙魚

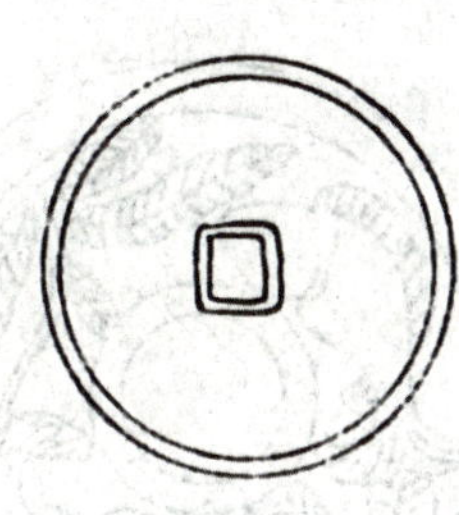

右雙魚錢二種按漢唐器多為雙魚形此前一品洪志

有之引洞冥記名輕影錢後一種面背並空鏤如一

右臺閣錢空鏤爲樓閣人物之象

右二種舊譜謂之花錢並空鏤二面與前同意皆撒帳類也

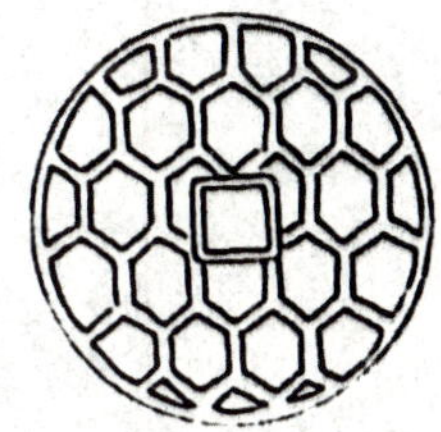

百
錢

右龜背文錢太平百錢四字用梁武帝時錢文也

太
百
平
錢

百
錢

右水紋錢亦曰太平百錢作篆隸二種

右雀錢一面為雀形二翩飛上下一面作三雀銜花之狀洪志謂之三雀錢中篆五行大布四字用後周武帝錢文也又二字不可識

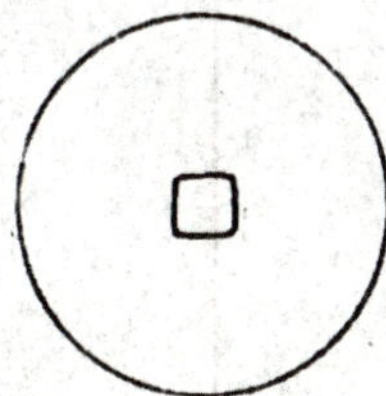

右一品洪志謂之四事錢二人相向一立一趺坐上下作飛走物各一背文夷漫

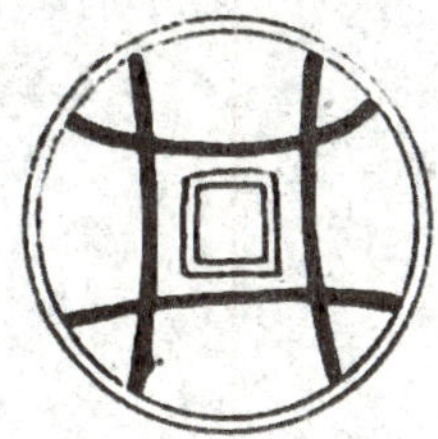

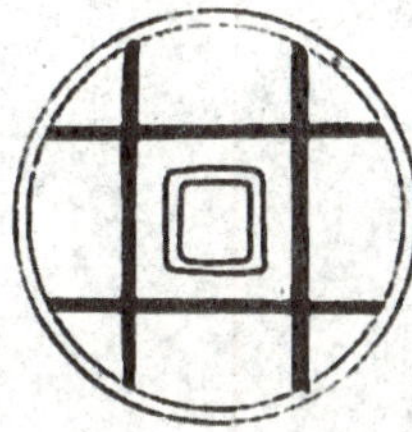

右井紋錢面背同亦見洪志

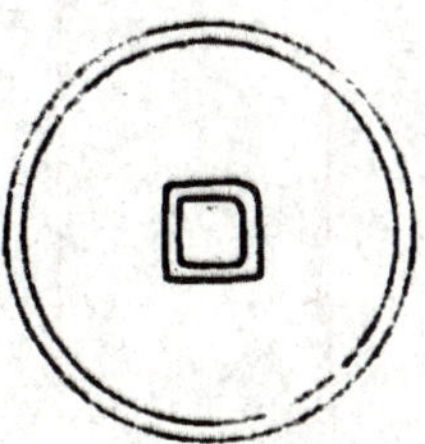

右羅紋錢

右翅紋錢並與洪志所録同

飛
黄

黄
渠

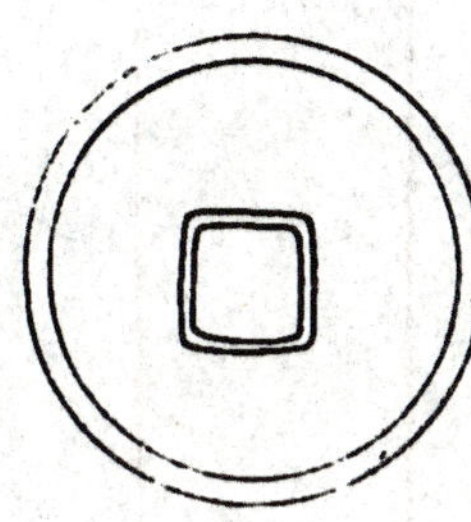

右二種曰飛黃曰渠黃按飛黃為六閑之一渠黃為八駿之一所謂地用莫如馬耶

右一種周郭如常制别作三柱外出按舊唐書元和元年黄河岸塌處得古錢方孔三足豈即此錢耶從洪志附録於此

右一種名蟻鼻錢亦詳洪志

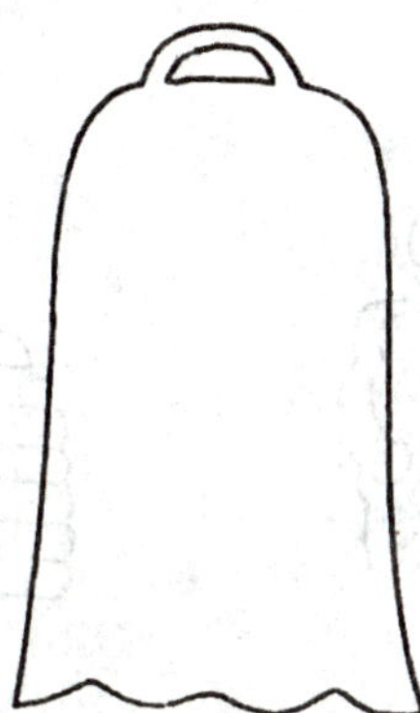

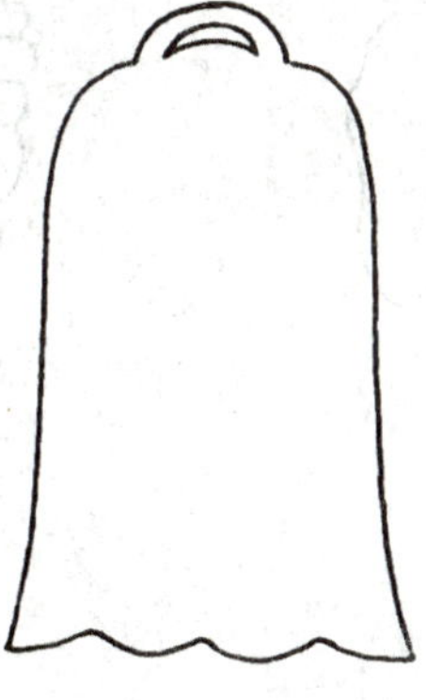

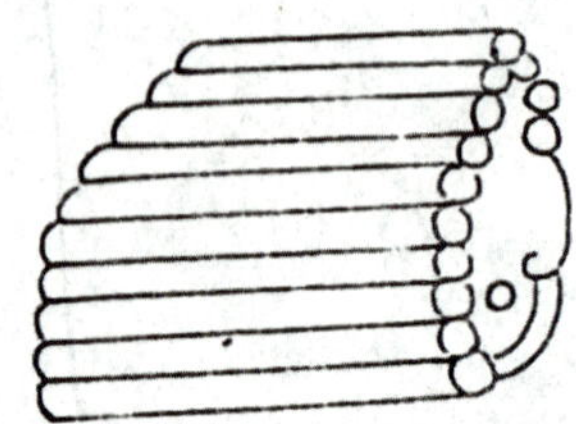

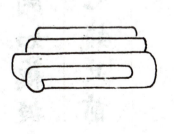

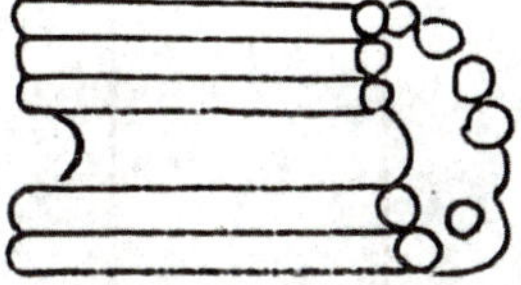

右藕心錢凡五按洪志引舊譜曰世有此錢狀如博碁下闊如藕挺中破狀其上有首刑如稱錘鼻有孔號為藕心錢此前一品是也後四品俱見宣和博古録

錢録卷十五

欽定四庫全書

錢録卷十六

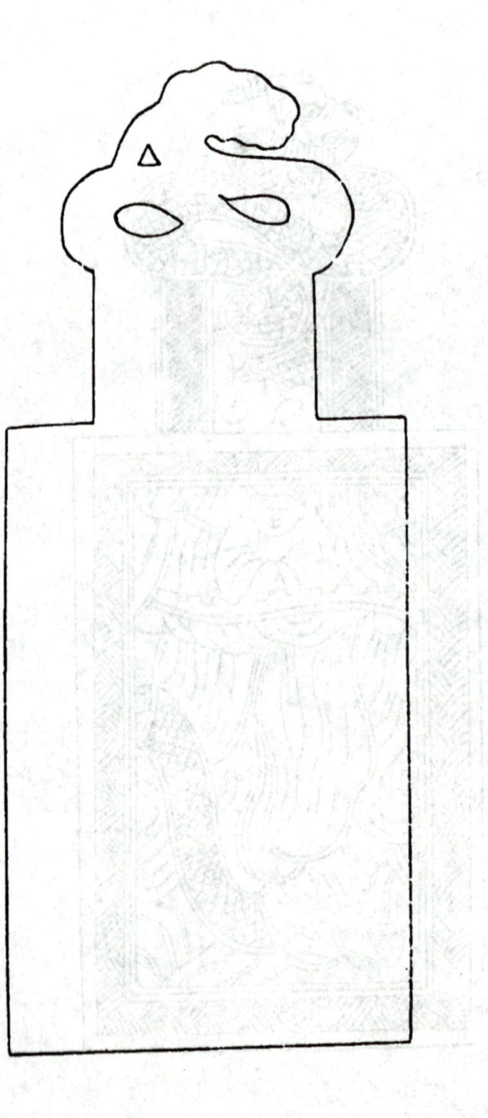

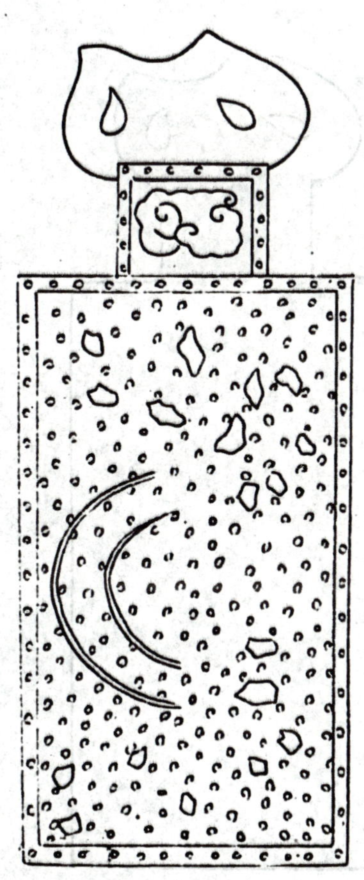

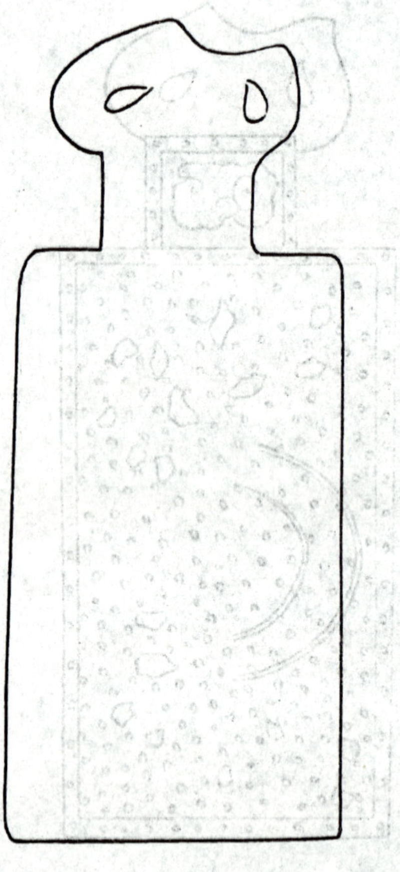

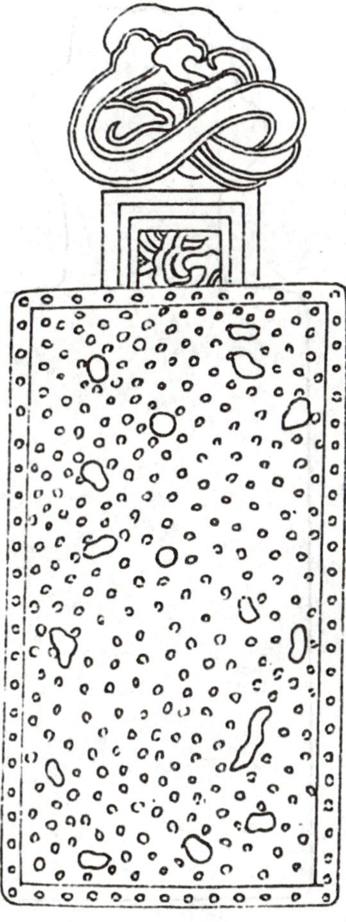

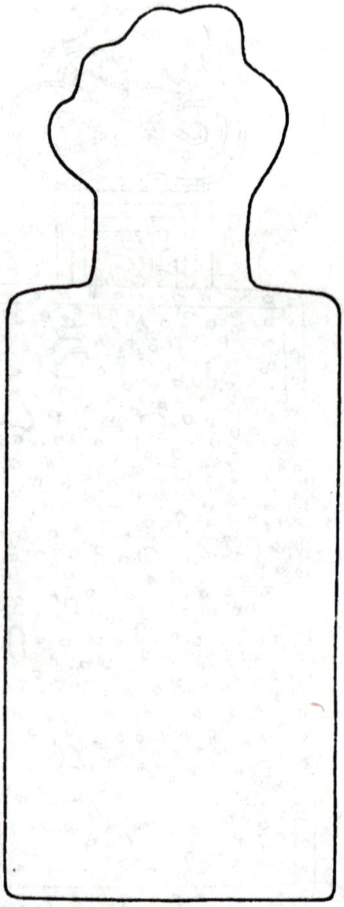

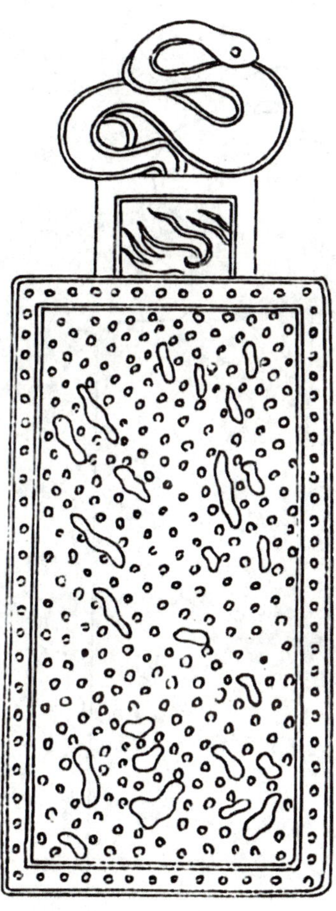

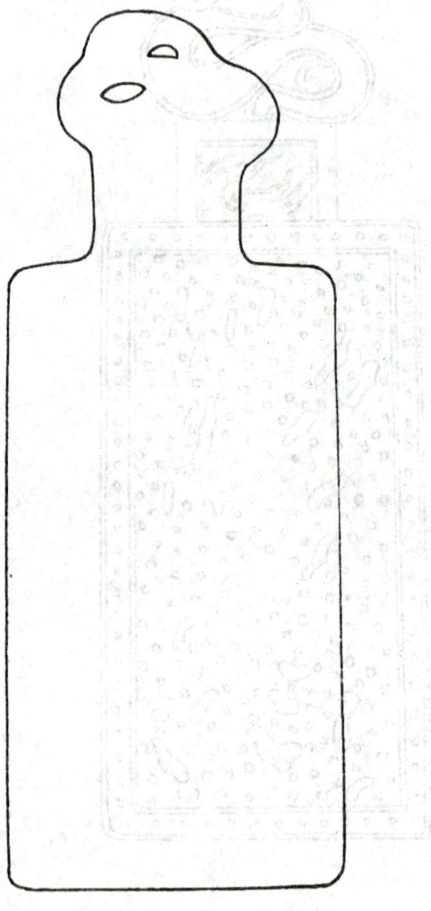

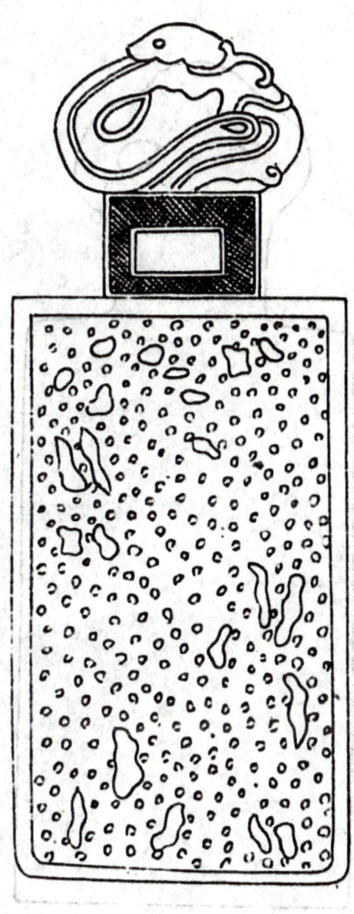

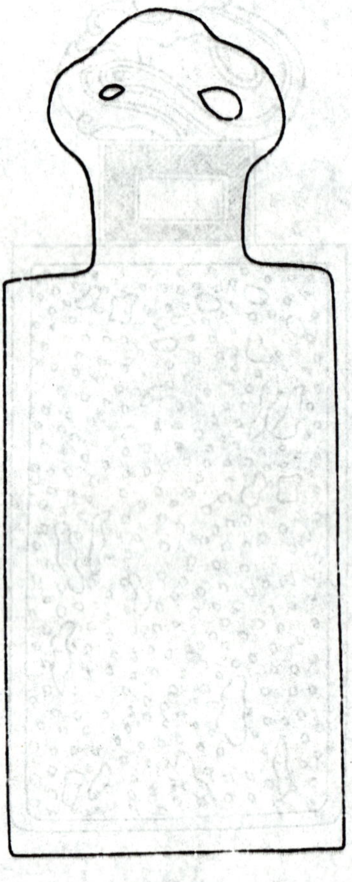

右五錢並見博古圖録謂是厭勝錢今仍之

右辟邪錢中作符篆上下書福德二字一面作立獸如辟邪又方圜各一孔葢以施組紃佩之用祓除不祥西京雜記史良娣合采宛轉絲繩繫身毒國寶鏡即此義也

右辟兵錢一面曰去災除凶一面曰辟兵莫當旁作星文繞之𠘧務成子所謂球球如玉連連如珠者耶

太上呪曰天圓
地方六律九章
符神到處
萬鬼滅亡
急急如律令奉
勅攝此符神靈

右太上咒字錢道家有太上太初太始太素太清諸名號接雲笈七籖太上者大道君誕於西那天鬱察山浮羅嶽丹元之阿云云其說至爲虛誕此錢稱太上是也背文書符一人作叱鬼狀二人俯而聽命外為三孔取其可以繫用而作耳

右虎符籤按道家有神虎上符消魔智慧經其釋文曰神者靈也虎者威也上者太上符者信也消魔者滅鬼也智者日中之星也慧者宜以生生爲急也此籤面文書符上作虎頭背文揚旗按劍勢若擒捕鬼物上麗以星文與釋文本義俱合

右符印錢晉孫思邈作入山符文畧仿彿背文為星官

又一人跽而供花隨以一鶴

右符印錢背文為星官又肖生二

天罡天罡
斬邪滅亡
吾有令劍
斬鬼不存
急急如律
令上清攝

神清神清
捉鬼降妖
此符到處
滅鬼不存
急急如律

右天罡錢漢書玉衡杓建天之綱也又晉書北落西南一星曰天綱參同契注天罡即北斗也道家以禮斗爲修攝而白玉蟾琅書序云作爲符圖印訣罡咒之文此錢文蓋罡咒耶

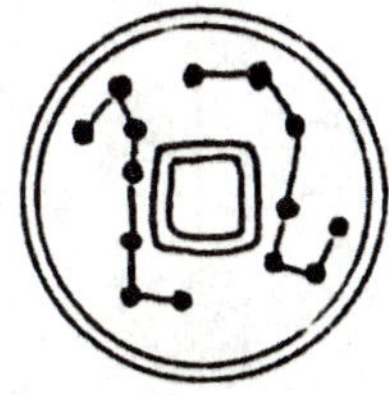

右北斗錢一面作七星文凡二一面曰大泉五十用新莽錢文也舊譜謂蓄之禦火

右北斗錢一面作七星又龜劍各一一面曰大泉五十

與前同

永
通
萬
國

右北斗錢與前品同背文曰永通萬國用後周宣帝錢文也洪志又謂之元武錢

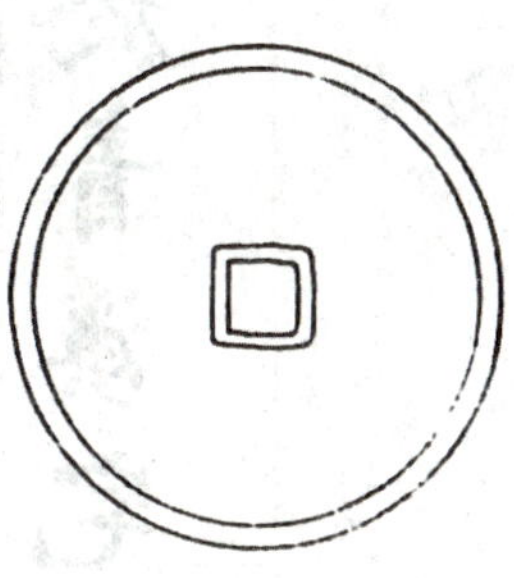

右北斗錢文作九星其二麗於旗蓋北斗原九星七見二隱道家謂内輔一星外輔一星見之者吉又交劍上舉又一人帶劍屹立洪志謂之青溪宅錢緣南齊書祥瑞志所載齊世祖於青溪宅得錢一枚與此合也

右北斗錢一面為七星縈繞中作交劔下為龜蛇糾結之狀蓋元武象北辰方位也一面為十二地支並肖生為之

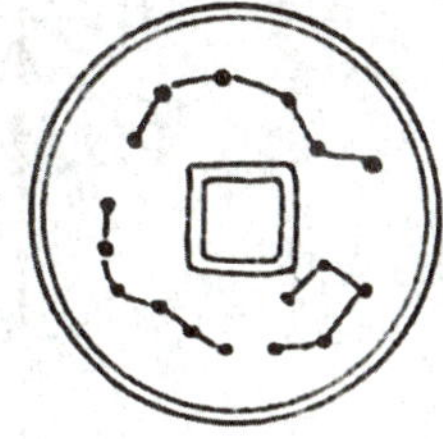

右北斗錢洪志有之引顧烜説云此錢面文為北斗軒轅之象背文為立戟龍鳳之形謂之北斗星錢亦為軒轅錢

皇
萬
帝
歲

右星官錢一面作星官符印朱雀龜蛇之象一面文曰
皇帝萬歲其制亦出於道家為祈祝製也

本命
星官

右一品楷書本命星官四字按道家有祭星法常以其受生所直之日祈請司命語詳於洞章諸篇下作星官二盖南極北極中央一鼎旁作龜鶴皆道家養生之説著之錢文亦祈壽之意一面爲十二屬

天人合

右一品與前同亦作星官狀下為冎旁有一龍取象辰位也一面為一人趺坐一人執杖侍蓋南極老人之義

右一品一面作星官又龜鶴各一上為玉兎一面作水紋篆書凡四可辨者萬國二字

子
丑
寅
卯
辰
巳
午
未
申
酉
戌
亥

右支錢一面為十二屬一面作樹下一人趺坐前一獸為俯伏狀

子
丑
寅
卯
辰
巳
午
未
申
酉
戌
亥

右支錢二前一品背文闇湛不甚可辨下彷彿作龜鶴形

子
丑
卯
巳
午
未
申
酉
亥

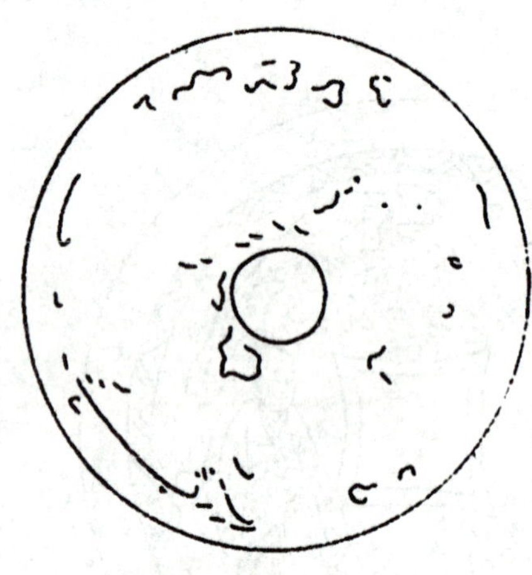

右支錢二亦肖十二屬特錯綜參伍與他品異前一品無字背文為神仙龜鶴之象後一品背文全蝕不可辨

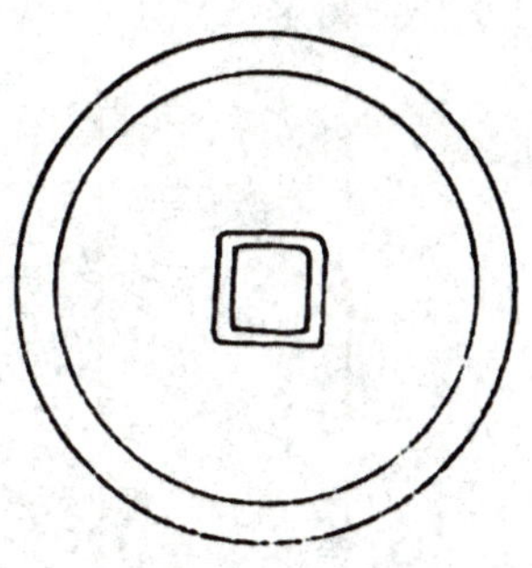

右四神錢朱雀元武青龍白虎並肖生為之

右一種亦肖生洪志並謂是四神錢一面曰永安曰五男意如諺稱永保平安者而李孝美謂篆文如後魏永安五銖此錢蓋為祈祝用不必泥永安二字遂謂後魏紀元年號也

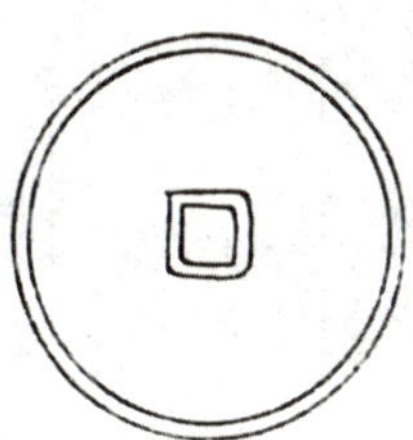

右一種作兔犬各一亦地支所屬也

右一種右文卓劍左文為龜蛇各一背文大泉五十與前北斗錢同

常
鉌
己
平

右三辰錢日月各一又為北斗七星元門寶海經曰陽精為日陰精為月分日月之精為星辰一面曰常平五銖用北齊宣帝錢文也

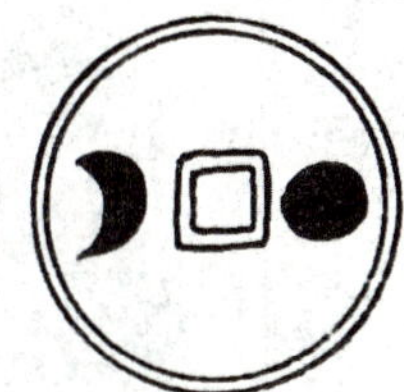

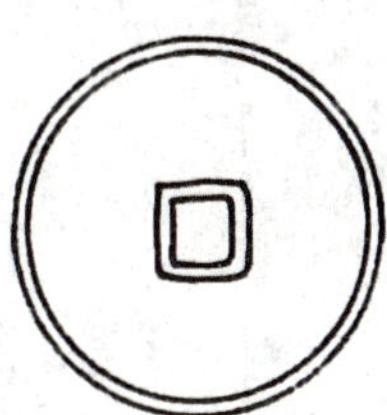

右日月錢日東月西作麗天之象

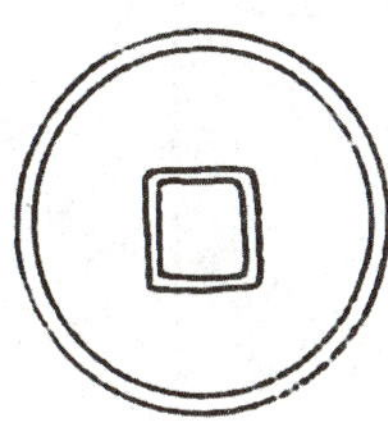

右明月錢如篆書明月二字

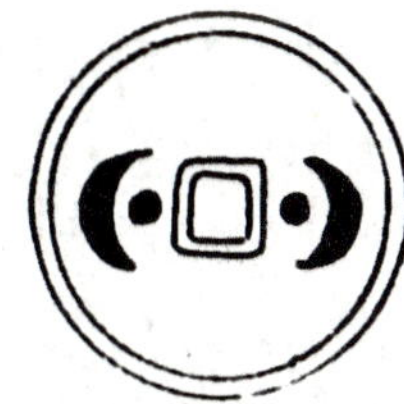

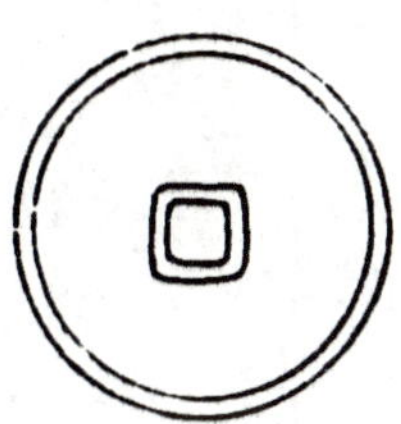

右星月錢作月從星狀

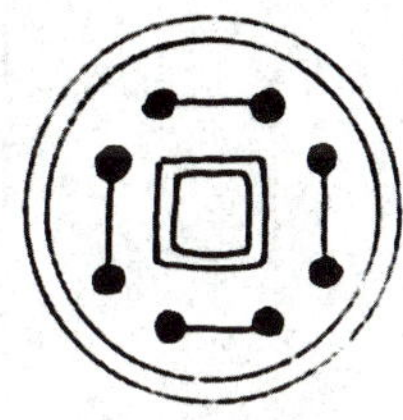

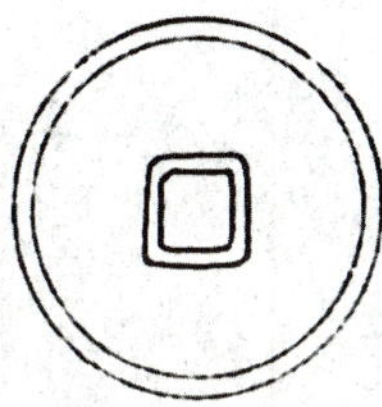

右雙星錢穿四圍俱作二星連珠洪志謂之八星錢

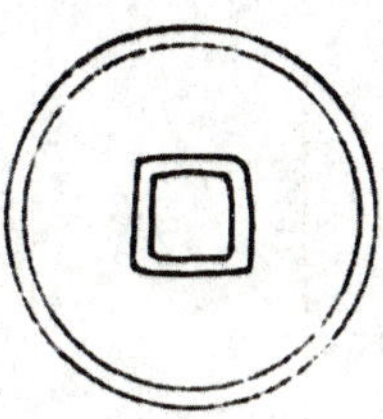

右雙星錢二星在穿上

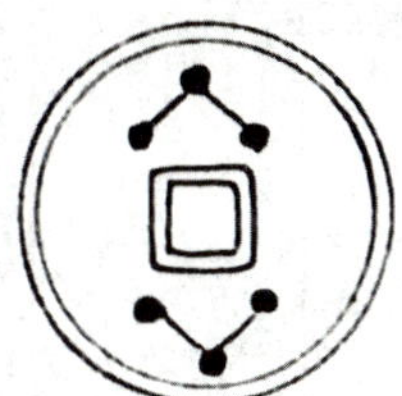

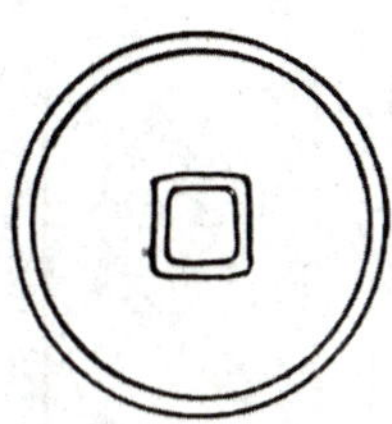

右三星錢穿上下俱作三星連珠洪志謂之柄文錢

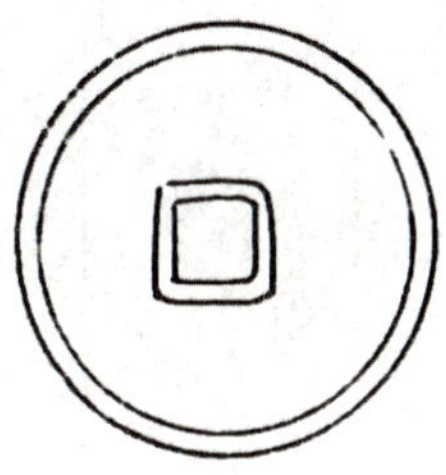

右七夕錢牽牛織女取會合意也亦見洪志引舊譜謂穿上為花穿下為章

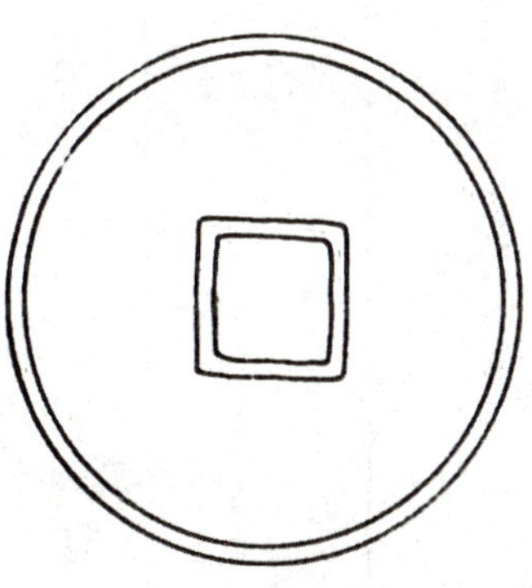

右一品穿下規作半月形有光燄燄騰上如火珠

右一品為八卦位列一如文王後天圖外環以十二屬

一面為星官符印亦道籙也

錢録卷十六

總校官舉人臣章維桓

校對官中書臣毛上炱

謄錄監生臣王廷鈞

圖書在版編目（CIP）數據

錢録 / (清) 梁詩正等撰. — 北京：中國書店，2018.8
ISBN 978-7-5149-2076-5

Ⅰ. ①錢… Ⅱ. ①梁… Ⅲ. ①古錢(考古) – 中國
Ⅳ. ①K875.6

中國版本圖書館CIP數據核字(2018)第080121號

四庫全書·譜録類

錢録

作者　清·梁詩正等撰
出版發行　中國書店
地址　北京市西城區琉璃廠東街一一五號
郵編　一〇〇〇五〇
印刷　山東汶上新華印刷有限公司
開本　730毫米×1130毫米　1/16
印張　51.5
版次　二〇一八年八月第一版第一次印刷
書號　ISBN 978-7-5149-2076-5
定價　一八八　元（全二册）